田舎の家のたたみ方

コンタロウ
三星雅人

メディアファクトリー新書　027

メディアファクトリー新書　027

田舎の家のたたみ方　目次

『田舎の家のたたみ方』制作者

著者
コンタロウ
三星雅人

カバーイラスト
つくし

カバー著者撮影
加藤アラタ

カバー著者イラスト
コンタロウ

本文DTP
小川卓也（木蔭屋）

校正
西進社

装丁
下平正則

編集協力
山本一典

編集
安倍晶子（メディアファクトリー）
西條弓子（メディアファクトリー）

はじめに　田舎の家を、あきらめない

あなたの故郷、実家はどこにありますか。

進学、就職などで実家を離れ、そのまま都会に一家を構えた方なら、きっと田舎がありますよね。

田舎にはご両親がお住まいですか。ハジメくんのようにお母様だけ？　あるいは、どなたもお住まいではない？

都会で日常生活に追われていると忘れていることもできますが、故郷が天災に襲われたりすればもちろん平静ではいられなくなるでしょう。ことに本書を執筆中の2011年3月、多くの犠牲者を出した東日本大震災が発生しました。直接の被災地ご出身の方はもとより、その影響で各地に地震が頻発している昨今、多くの地方出身者がもどかしく、どこか後ろめたい思いで「田舎の家」のことを心配しておられることと思います。

実は現在、日本中で空き家が増加しています。総務省が5年ごとに実施している「住宅・土地統計調査」(08年)によると、全国の総住宅数・約5759万戸のうち空き家は約757万戸、総住宅数に占める割合(空き家率)は、13・1%にのぼって過去最高となったそうです。

一方で、日本中にお年寄りが増えてきています。11年2月に同省が発表した前年9月末現在の「国勢調査」の速報によると、65歳以上の人口は2965万人。総人口に占める割合は23・2%と、過去最高でした。なかでも、いまや面積にして全土の57・3%を占める過疎地域の高齢化と人口減少が著しく、1970年には全人口の10%だった過疎地域の住民が、2015年には4・8%まで落ち込むと見込まれています(後半は環境省調べ)。

総務省の統計では、東京圏(東京都・神奈川県・千葉県・埼玉県)は1994年と95年を除いて54年以降、一貫して転入超過が続いており、2009年も11万7461人が転入しています。それだけ地方から人口が吸いあげられているのです。

核家族化の影響で都心でも空き家が増えているようですが、それにも増して田舎の問題は深刻です。若い人は故郷を離れて仕事がある都会に向かい、老人だけが田舎に残る。少子高齢化が一気に進みます。

人口の半分以上を65歳以上の高齢者が占める集落を「限界集落」といいます。そのまま推移すると冠婚葬祭ができなくなり、インフラも途絶えて「廃村」になる集落です。今回の大震災でも多くの集落が廃村せざるを得なくなると予想されますが、そんな報道にさえ、地方出身者は良心の呵責《かしゃく》を覚えてしまいがちです。少子高齢化で地方が過疎化し、消滅する集落が出てくる現象は、農業より商工業による発展を選んだ国策の結果です。いわば当然の帰結なのに、地方出身者はそれが「自分たちが田舎の家から目を背けたせい」なのではないかと感じてしまうのです。

田舎の家を放置しておく気はなくても、すでに都会で生活を確立している人は「すぐに帰る」わけにはいきません。また、帰る気がまったくない方もいるでしょう。このままでは実家が空き家になってしまうことはわかる。でも……。

こんなふうにお悩みの方、大丈夫です。都会にいて田舎に実家がある人、その家が空き家になってしまった先輩たちはたくさんいます。彼らの経験に学びましょう。

本書は、近い将来に実家を処理・処分しなければならない皆さんのため、漫画家のコンタロウさんと私、三星雅人が「田舎の家のたたみ方」としてまとめたものです。田舎の家

（不動産）に的を絞った理由は、多くの庶民にとって不動産が最大の財産であることが一つ。もう一つの理由は、市街地ではない「田舎」の不動産は法制度上や流通上で都会と大きく異なる性質をもっているにもかかわらず、これまでその処分方法について、あまりに情報がなかったからです（兵庫県に大きなご実家があるコンタロウさんも、最初は「あんな家なんて処分しようがない」と思っておられました）。多くの都会人が田舎の家を処分する必要に駆られるなんて、日本史上で初の現象といっていいでしょう。本書は、田舎の家の相続と、「売る」「貸す」「Uターンする」各方法について、都会人の立場で考えた初めてのマニュアルです。

いま現在、田舎の家を守ってくれる人がいる方でも、いつかは「その日」がやって来るかもしれません。そのとき自分や家族の幸せと故郷の保全を両立できる方法を、本書を通じて考えてみてはいかがでしょう。

第1章

田舎の家や土地、把握してますか？

第1話　私のふるさと

東京近郊
ただいま
天地《あまち》ハジメ 50歳
商社勤務
お帰りなさい
先に食べる?
ウン ビール 冷えてる?
妻メグミ 47歳
パート勤務

ツムグ一杯いくか
ウン
長男ツムグ 20歳 大学生
長女ヒトミ 16歳 高校生
就活はどうなんだ？
ウン
ぼつぼつやってるけど
お兄ちゃんの志望を聞いたら驚くわよ

あん？
映画の仕事をしたいんだって
こらっ黙ってろ
映画？
ウン……いやその
僕も大学の映研でよくそんなこと話してたなあ
へぇ？
でも仲間も僕もみんなフツーの勤め人になった
どうして？
ま才能がなかったからだが

でも後悔は してない
職場で お母さんとも 巡り会えたし
おまえたちも 授かった
小津安二郎《おづやすじろう》にも 負けない ドラマを 作ったんだと 思ってる
そういう オチか
おまえも そのうち わかると 思うが……
あれっ あそこって
えっ？

ここ兵庫県A市では不況に対抗して町ぐるみの産直活動を行っています
A市直売所
A市っておばあちゃん家《ち》じゃない
ふーんうちの田舎も頑張ってるな
でも大変そうじゃん
まあ田舎なら農業で
なんとか食べていけるだろう
僕も定年後は田舎に帰って畑仕事でもやるかな
ピクッ
私にはムリ
……

えっ？
ムリよ いまから 田舎の生活 なんて
い…… いや たとえばの 話だよ
トルル
ハイ 天地です
もしもし お兄ちゃん 私
おう ヨシエか ちょうど そっちの ことが ニュースで ……
えっ お母さんが なんだって？

えっ
入院
命に
別状は
ない……？
そうか
お母さんに
何か？
家で
階段を
踏み外して
骨折だって
まあ！
隣の人が
119番
してくれて
いまは
ヨシエがついてる
とにかく
早く
様子を
見に
行って
あげて

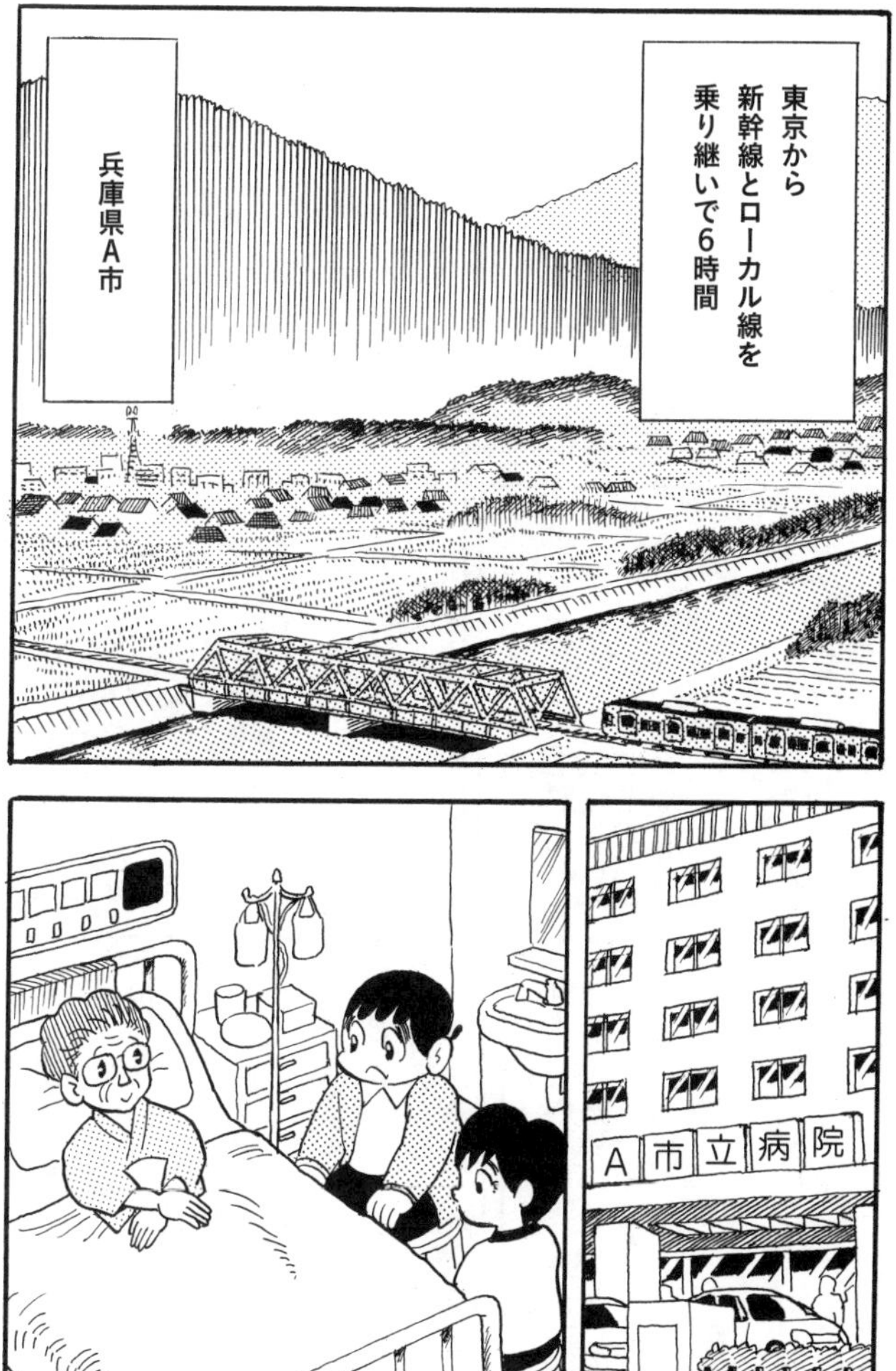
東京から
新幹線とローカル線を
乗り継いで6時間
兵庫県A市
A市立病院

たいしたことなくてよかったよ
心配かけちゃったね
ハジメの母 フサコ 76歳
リハビリでしばらくは入院ね
妹ヨシエ 48歳
隣町の商家に嫁ぐ
そうすると家を空けることになるねえ
そんなこといま心配しなくても
そうよお母さん私が近くにいるんだから
入院したらあれこれ考えちゃったのよ

私が死んだら
あの家は
おまえたちが
相続することに
なるけど
あんたたちには
いま住んでる家が
あるから
あの家には
住めないだろ
そりゃ
まあ
そうだけど
それじゃ
あの家は
空き家になる
わけだわねえ
おまえたちが育って
いろんな人が出入りした
思い出いっぱいのあの家に
誰もいなくなるなんて

……
ケガをしたからそんなこと考えるのよ
そうだよ元気になればまたあの家で暮らせるんだから
ハジメ
私が死んでしばらくは空き家でも仕方ないけど
おまえが定年になったらあの家を継いでくれないかい
!
思い出だけじゃないあそこは天地家の
伝来の土地なんだ

息子の代で
絶やした
なんてことに
なったら
あの世で
あの人に顔向け
できないよ
しかし……
ムリよ……
わっ　わかったよ
定年になったら
うちに帰るから
ありがとう
ハジメ
それを
聞いて
一安心だよ
そりゃ
よかった

安心したら急に眠くなったわ
あっという間に寝ちゃった
よっぽど気になってたんだな
家のこと

ねえ お兄ちゃん
ウン？
坂本地区の 南《みなみ》さんて 同級生だったわね
ああ 南 敏章《としあき》だな
あいつの家は デカかったからな 小さい頃は よく庭で遊んだよ

南さん家《ち》 いま 空き家に なってるのよ
えっ
最近 ご両親が 立て続けに 亡くなって
そうか 南くんは 確か 東京のメーカーに 勤めてる はずだしな
他人事 じゃないわよ
ン？
定年後は うちを継ぐって 言ってたけど
ああ
だってあの場は ああ言うしか ないだろ

きっ
天地
私からもお願い
ホントに
うちを継いで
でないと
この家も
空き家に
なっちゃうわ
私もこの家は
残したいの
お兄ちゃん
お願いよ
天地
遺産は要らないから
ね
ウ
ウン

とは
言ったものの
僕の一存では
どうにもならない
ガラ
かといって
メグミに
話を切り出すのも怖い
まぁ急ぐ話
でもないし
ああ……
わが家の匂いだ

お父さん
いま帰ったよ
お母さんは
心配ないって
さてと
今夜は
ここで寝るか
Marines
32年前に
ここで
受験勉強
したんだっけ

そして
東京の大学に
入り
東京で就職してからは
何年かに一度くらいしか
帰らなかったけど

ここが私の
ふるさとだ

解説　田舎の家や土地、把握してますか？

◆空き家は日本中で増えている

冒頭でご紹介した総務省と並んで国土交通省も、旧建設省時代の１９８０年からほぼ５年ごとに「空家実態調査」を実施しています。空き家の実態を把握し、住宅政策の基礎資料を作成するのが目的です。調査対象は東京都、大阪府、そして茨城県・埼玉県・千葉県・神奈川県における「東京都心から40km以遠の地域」。右の４県ですべての田舎の傾向を語ることはもちろんできませんが、ここでは都市近郊農村のモデルケースとお考えください。この調査は現地で空き家を特定して、なぜ空き家になったのか聞き取りしているのが特徴です。このうち地方の実態について、２００９年度の調査結果を見てみましょう。

立地場所は最寄《もよ》り駅から１km以上が65・７％。不便な場所が多いようです。住宅の延べ床面積は50㎡以上が44・８％。建て方・構造では木造（一戸建・長屋建）が40％近く、建築時期は１９７１～90年の家が50％を占めており、古い家が多いようです。空き家となった原因は「賃借人などの入居者が退去した」が57・１％、持ち主が「別の住居へ転居した」

が25・7%、「相続により取得したが入居していない」が5・7%（複数回答）。

このデータから見えてくる田舎の空き家の傾向をまとめてみますと、交通の不便な場所で、木造のやや大きめの古い家。家主は誰かに家を貸したか、どこかに転居した（介護施設への入居も含む）、あるいは親などの死去で家を相続はしたものの自分はどこか離れた場所に住んでいる、などのようです。

空き家の増加は、そのまま地域の崩壊につながりかねません。地方都市では中心市街地の空洞化が進んでおり、いわゆるシャッター通りが目立っています。さらに農村部では買い物難民の増加やガソリンスタンドの閉鎖が社会問題化し、住民が日々の生活に困難を覚えるような、危機的な限界集落も増えてきました。

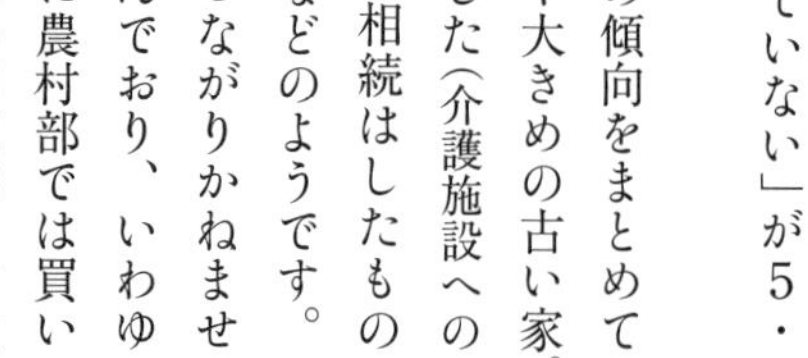

理由は様々にありますが、空き家問題の根底には、かつて当たり前だった長男が家を継ぐ風潮が廃《すた》れ、「親は親。子どもは子ども」とする核家族化の進行があります。現代は、親が介護施設に入る時点で、「親の面倒は見ない。代わりに遺産も要らない」と宣言する

子どもが激増しているそうです。家屋の売却には手間と時間がかかりますから、それより売却や法的手続きも一切合切、親や他人に任せてしまうのです。まだ一般的とはいえないまでも、相続という絆《きずな》さえも断つ子ども世代が増えている……いわゆる父祖の地の荒廃にはこうした風潮が背景にあるのでしょう。

さて、お父様、お母様が高齢で、遠からずの未来には田舎の家が空き家になってしまう。このような状況で、常識人であるあなたはどうしますか。家を処分しますか。それとも、思い切って都会の仕事や生活を捨てて田舎に戻りますか。

どちらにしても、まずは相続を済ませなければなりません。ここで相続の基礎を確認しておきましょう。

◆相続が始まったら

相続の対象となるのは土地・家屋の他、現金・預金、骨董品や貴金属など、ほとんどすべての財産です。親の生前から、相続する財産の価値をあらかじめ調べ、「財産明細表」を作っておいたほうが相続はスムーズに進みます（詳細は5章でご紹介します）。

言うまでもありませんが、相続は死からスタートします。

漫画のハジメくんのお母様はまだお元気ですが、ここではもしお母様が亡くなったら、としましょう（ハジメくん、ごめん）。多くの人は「お葬式が済んで、気持ちの区切りがついてきてから相続の手続きを始めればいい。そして、残された財産を妹さんと分け合って相続が終わる」とイメージするのではないでしょうか。が、民法では、被相続人（財産を遺す人）であるお母様が亡くなったそのときから、相続は自動的に始まり終わっています。おや、と思うかもしれませんが、お母様が亡くなった時点で、法律上はもう相続人全員で共同相続したことになっているのです。ここから始まるのは「分割の手続き」。まだ財産は分割されていないため、こんどは相続人全員が財産の分割や相続登記などの手続きを行うわけです。

まず遺産分割協議、つまり相続人が遺産をどう相続するかの話し合いを、被相続人の死亡から3ヵ月以内に行います。その後、遺産分割協議書（協議の結果を記載した書類）を作成し、財産の名義変更に着手します。

特に不動産の場合は、相続登記（相続人に所有権が移転したことを第三者に示す行為）を行うのが一般的です。相続登記するかしないかは本人の自由ですが、それを怠ると第三者に勝手に売却されたり、不動産の売却ができないなどの不都合が生じる場合があります。

相続は「争族」ともいわれます。

総務省「司法統計（家事事件）」（08年）によれば、家庭裁判所に持ち込まれた相続関係の案件は年間17万件近くにのぼるのです。旧民法下では長男が家屋を含めてすべてを相続する「家督制度」だったため、家の資産はほぼ自動的に丸ごと移譲することができましたが、均分相続制を定めた新民法下では相続人が増え、揉めごとも激増しました。特に田舎であなたの親世代やその親戚だと長子相続の感覚がまだ根強く、親子間、きょうだい間の相続に対する認識のギャップがまたトラブルの元となりがちです。

具体的に遺族それぞれの「相続分」と順位について確認しましょう。「相続分」とは相続人が複数いる場合、誰がどれだけ相続するかの割合をいいます。被相続人は「指定相続分」といって、法定相続分とは別に相続させる相手を遺言で決めることができますが、遺族、つまり配偶者や子どもたちに「遺留分」が保障されているのです。遺言がない場合はすべての財産を民法の取り決めにしたがって遺族で分けることになります。

相続人が、亡くなった方の配偶者と子どもだけだったとしましょう。その場合は、配偶者が財産の2分の1、子どもたちが2分の1を均等に分けて相続します。仮に子どもが二人なら、一人あたり4分の1の財産を相続することになります。もし相続人に子どもがいず配偶者と親などの直系尊属（自分より上世代の直系の血族）だけだった場合は、配偶者が3分の2、残りを直系尊属が均等に分け合います。また相続人が配偶者と兄弟姉妹しかいなかった場合は配偶者が4分の3、残りを兄弟姉妹で均等に分け合います。ちなみに、婚姻関係のない内縁の妻や愛人には相続権はなく、「子ども」は実子、養子、内縁や愛人の子どもから胎児まで相続権が認められます。孫やひ孫などの直系卑属《ひぞく》や祖父母は「代襲相続人」として、父母が死亡している場合のみ相続人となれます。たとえば漫画の場合で、お母様が亡くなる前にハジメくんが死んでいたら（さらにゴメン）、ハジメくんが継ぐ分の遺産は子どものツムグくんとヒトミちゃんに行くわけですね。こうした相続人の順位は民法で決まっています。

◆境界が曖昧《あいまい》？

日本の資産は7割が不動産ともいわれています。総務省「全国消費者実態調査」の2011年のデータでは、いわゆる被相続世代である70歳以上の二人世帯の資産内容を見ると、金融資産が37・0％に対し、住宅・土地資産は61・1％。つまり、住宅を中心にした親の不動産をどう継ぐかが相続のポイントになるのです。

不動産でいえば家屋、農地、山林の「広さ」を知ることがその第一歩となります。不動産の権利証を調べ、権利関係を確認するために登記事項証明書（登記簿謄本）を手に入れましょう。その不動産がある地域の法務局などの登記所に行けば誰でも閲覧、または証明書の入手が可能です。近年はコンピュータでも登記情報を閲覧できるようになりました。なお、登記の際に必要な登録免許税、不動産の固定資産税などを算出するときに役立つ固定資産課税証明書は、本人か本人の委任状をもった人であれば、その市町村役場で入手できます。

実は田舎では、不動産の「広さ」を把握する際に問題が発生することがあります。まず土地の境界の問題。都会であれば家と家との境は明確で、固定資産税もしっかり徴収されていますから、たいていは問題なく不動産が評価できます。ところが田舎の物件となると、都会では考えられない曖昧《あいまい》な境界が存在するのです。

たとえば隣り合う家同士で、境界の印として木を植える習慣が一部の地域にあります。これは誤って伐《き》り倒すと境界がわからなくなってしまいますね。また、尾根や沢が境界というケースも珍しくありません。当事者がそこに住んでいないと、どこが境界かわからなくなってしまうこともあるのです。その土地を売ろうとする場合、売主には境界を明示する義務があるので、ことは重大です。

田舎暮らしに詳しいフリーライターとして全国を飛び回る山本一典《やまもとかずのり》さんは言います。

「地方で取材をしていて驚くのですが、〝税金が増えるから〟とか〝あいつは気に食わないから〟とか〝あいつは話し方が生意気だから〟という理由で、お隣さんが境界を確認してくれない場合もあるようですね。長らく田舎に顔を出していない息子さんなどは、特に苦労するかもしれません」

境界がはっきりしていない土地は「筆界《ひっかい》未定地」と呼ばれ、土地の区画を明確にするための地図（公図）には、カッコ内に該当する地籍番号を併記し（10＋11）などと表示されます。この場合は「10番の土地と11番の土地の境界がはっきりしていないため、10番の持ち主と11番の持ち主がカッコ内の土地を所有している」という意味で、そうとしか記載できないわけです。この土地を担保に借金をしようとしても、抵当権の設定には相手方の了承が必要なのでかなり難しく、なにより売りにくくなります。

境界だけではなく、土地の面積が登記簿と著しく異なっている場合もあります。実際の地積（土地の面積）が登記簿上よりもはるかに広い「縄延《なわの》び」という現象が、田舎には多いからです。国土の正確な面積を測る地籍調査（いわゆる国土調査です）が行われている地域で縄延びはまず起こりませんが、地方によってはまだ国土調査の進捗《しんちょく》率が低いようです。調査が及んでいないそうした地域では、山林原野や農地などについて明治時代の自己申告に近い土地面積が登記簿に記載されているケースがあります。もちろん、税金を安くするため。「登記簿と、図面を使った簡易測量で10倍近く違うこともありました。近年はかなり国土調査が進んでいますけどね」と山本さんは語ります。

仮にあなたの土地に縄延びがありそうな場合、売ろうとすると「測量してから売ってください」と頼まれるかもしれません。しかし、もともと坪数千円しかしない山林原野などでも、広くなると100万円単位の測量代がかかってしまうことがあります（そのため公簿面積売買といって、登記簿と図面と境界の確認だけで買主に納得してもらうケースも、ままあります）。国土調査の予定がある地域なら、それを待ってから売るのも一つの手でしょうし、縄延びが極端に大きいときは、土地家屋調査士（不動産の表示に関する専門家）に依頼すると逆に得をする可能性もあります。測量の結果次第では財産価値が大幅にあがる場合があるからです。「そんな大雑把な……」と思われるかもしれませんが、田舎の土地所有感覚は都会とは違うのです。

◆きょうだいと協議する

　さて、遺産の全容と相続人の顔ぶれが確定したら、それをどう分けるか当事者間で話し合う必要があります（分割協議）。現金のように分けられる資産ならまだしも、家や土地などは分け合うことが難しく、話し合いはとかく難航します。分割協議の合意は全員一致が原則だからです。円満に協議を進めるためにも全員で顔を合わせることが理想ですが、電話やメールで協議を行っても構いません。個々の相続人は協議に際し、代理人を立てることもできます。

「いずれにしても親の元気なうちに、離ればなれに住んでいてもきょうだい同士が絶えずコミュニケーションをとっておくのがいいでしょう」

　そうアドバイスするのが、相続や資産継承をサポートする「リーガル・アカウンティング・パートナーズ」の水本《みずもと》昌克《まさかつ》税理士。税理士とは、税務に関して公正な立場で処理を行う専門家です。水本さんは数々のドロドロした相続の現場を見てきました。

ハジメくんの場合は、妹が相続放棄したことになる。

「最悪のケースですが、どうしても協議が合意に達しなければ家庭裁判所に申し立てをして分割してもらうことができます。調停で話し合いがまとまらないとき、審判となります。弁護士が立てば互いに自分の立場を主張し、その後の人間関係に悪影響を及ぼすことも。そうなる前に話をまとめるのが大人の収め方としては賢いですね」

そもそも不動産は分けにくいものです。現物分割といって家や土地、金融資産や株式などを現物で各相続人に分けていく方法もありますが、不公平感が出やすい欠点があります。不動産他、売れるものはすべてを売って現金にして分ける換価分割という方法もなくはありませんが、そもそも田舎物件は流動性が低いので、すぐ現金にはなりません。

現在、田舎で比較的多く行われているのは「代償分割」でしょうか。全財産を特定の相続人(たとえばその家に住んでいる長男)に相続させる代わりに、その相続人が他の相続人に相応の現金などを渡す方法です。相続人にお金のゆとりがあれば、案外スムーズにいくかもしれません。

さて、協議が成立したら協議書を作成しましょう。漫画のハジメくんの場合は、家は兄のハジメくんのものとする、とハジメくんと妹さんで書くわけですね。その結論を書き記し、二人で署名または記名し、実印を押します。印鑑証明も添えるのが通例です。必ず作らなければいけないものではありませんが、たとえば次世代で揉めないための相続の証拠資料として、または不動産登記のときの添付資料として利用できます。

右で述べたとおり、現在多くの場合は土地や家屋は家を継ぐ人が相続し、預貯金や保険金といったその他の財産は皆で分け合う代償分割、場合によっては相続を放棄するなどの形で落ち着きます。特にこれまでの田舎では家に残った長子がともかくも不動産は相続するのが一般的でした。それがきょうだい誰も田舎に残らなくなり、相続のためだけに顔を合わせるケースが増えた今日《こんにち》、手続きを面倒臭がって互いに押しつけ合う例が多くなっているといいます。

登記上で土地が何ヵ所かに分かれていた場合、たとえば相続分に応じて兄は土地Aを1区画、妹は土地B・Cを2区画、と分ければ所有関係は明確になります。しかしその手間を省いて土地A～Cすべてを二人の共有にしてしまうことが、田舎の相続では多くなっているのです。もちろん、A～Cのいずれかを売却する場合にはすべてのきょうだいの承諾が必要となり、きょうだいが亡くなっていたらその遺族全員の承諾を得なければなりません。これは後述する「未相続」の元ともなる、のちに揉めやすい相続方法です。

◆登記でビックリ、未相続

さて、分割協議が成立して引き継ぐ財産が決まりました。漫画の例では長男のハジメくんが不動産を継ぐことになったとしましょう。妹さんも納得し、協議書も書いて一安心。でも、まだハジメくんのものになったわけではありません。所有権が認められるには資産の種類によって手続きが必要です。「面倒」とお考えでしたら司法書士など専門家に依頼するといいでしょう。司法書士は不動産の権利に関する専門家で、確実に所有権移転できるかなどについて助言や手続きのサポートをしてくれます。

宅地や家屋は地方法務局へ申請し、ハジメくんの財産として登記します。申請の際に必要なものは所有権移転登記申請書、相続人の戸籍謄本、被相続人の除籍謄本、固定資産課税評価証明書、登記簿謄本または権利証。その他、遺産分割協議書、相続人全員の印鑑証明、住民票の写し、あれば遺言書も。固定資産税評価額の1千分の4が登記の費用としてかかります。

事前に財産調査をしていない場合、登記に際して初めて法務局を訪ねることになります。そのときは固定資産課税台帳謄本を、その不動産がお母様のものであった「証拠」として提出するわけですが、法務局で不動産登記簿を見てビックリ、というケースもあります。

お母様がずっと固定資産税を払っていたにもかかわらず、不動産自体は何年も前に亡くなったお父様のものとなっていることがあるのです。いわゆる「未相続」で、これが田舎では意外と多く、注意が必要です。

お父様が亡くなった後、お母様が手続きを行っていない程度なら相続人であるきょうだい間で解決できます。ところが祖父母やそれ以前の代で相続が飛ばされていると、その代までさかのぼってから子孫をすべて探し出し、全員のハンコをもらわなくては相続ができない、つまり事実上家屋を売ることができない事態になります。この処理を行うには、まず全相続人に遺産分割協議をしてもらわなければなりません。好意的に判を押す人もいれば、いわゆるハンコ料を要求する人もいるでしょう。もし相続人が十数名もいたら、数十万円では解決できないかもしれません。個々のケースによって難易度が異なりますので、まず自分の名義にするにはどうしたらいいか、司法書士など専門家に相談してみるといいでしょう。ただし、難易度が高くなればなるほど、専門家に支払う報酬も高くなります。

ちなみに都会では頭の痛い問題という印象がある相続税ですが、田舎ではその資産価値の低さから、支払いが発生するケースはほとんどありません。

そもそも相続税には基礎控除があります。その額は２０１１年5月時点で5千万円＋法定相続人の数×１千万円。仮に相続人が配偶者と子ども二人の計３人なら、相続税が発生する資産総額は８千万円以上となります。田舎の土地建物を売って、そんな大きな額になるケースはまずないでしょう。現に近年日本で行われたすべての遺産相続のうち、相続税が課税されるケースは全体の４％にすぎませんでした。

でした、というのは現在、富裕層の税負担を増やす目的で、政府が大幅な税制改正案を提出しているからです。特に相続税については基礎控除額を圧縮(３千万円＋法定相続人の数×６００万円に)し、右の例でいえば総額４８００万円以上の遺産について相続税が発生するようになります。震災の影響で改正案はまだまとまっていませんが、田舎でも大きな家、広大な土地を相続する予定の人は、親御さんに生前贈与などを検討してもらったほうがいいかもしれません。

第2章 空き家の放置はマイナスだらけ

第2話　What's 空き家バンク？

先日は母がお世話になりました
アラアラ そんな お隣同士 なんですから
しばらく リハビリ 入院 ですが 本人は 至って 元気でして
フサコさんに もしものことが あったらと 私たちも 気が気じゃなくて
そんなに 心配して くれてた のか
じ〜ん
ハジメくんは まだ あの家に 戻らないのかね
ハア……

いやね
この近くでも
相続した息子が
都会から
こっちへ帰らず
そのまま
空き家になった
家が
あるんだ
ホームレスでも
住みついたら
大変でしょ
そっちの
心配
でしたか
ハジメ
くんは
定年後は
戻ってくるんだろ?
いや
いまのところは
なんとも
私には
ムリ……
戻ってきてくれれば
フサコさんも
嬉しいと思うわ
ハジメ
ありがとう

でも あそこの家も ようやく バンクに登録 したらしいよ
じゃ ひとまず ご近所も安心ね
安心？
なん ですか そのバンクって？
ああ　ハジメくんは 聞いたこと ないかもしれんな
正式には 空き家バンクといってね 市役所に 市内の空き家の売買や賃貸を 斡旋《あっせん》する窓口ができたんだ
登録者氏名
登録者住所
物件概要

市役所がそんなことを
空き家対策よ
持ち主に呼びかけて登録してもらいA市に住みたい人がいつでも見られるようにしたんだよ
それに空き家に問題が起きたら相談に乗ってくれるから登録した人も近所の人も安心だよ
お邪魔しました
しかし……

あの家を僕が相続するとして問題はその後だヨシエもあの家を残したいようだけど
兄さんお願い
……と言われても定年後だって帰れるかどうか
しかし！
あの家を空き家にすることだけはできない
とりあえずその空き家バンクとやらを見ておこう

しばらく人に貸すっていうのもありだし
シャカシャカシャカ
A市役所
すみません空き家バンクの窓口は……
ヨオ天地じゃないか
帰ってたのか
ハジメの小学校以来の友人大屋《おおや》ダイゾウ
ダイゾウそうかおまえ市役所勤めだったな

水臭いな
連絡してくれればいいのに
実は母が入院しちゃってな
そうだったのか でも
大事にならなくてよかった
ウン ところで空き家バンクがあるとか
ああ 俺が責任者だ なんでも聞いてくれ
なるほど家のことが心配になってきたんだな
ああ もし空き家になったら貸したりできるのかと

よし 口で説明するより 実際の空き家を 見に行こう
この時間なら 管理している人も いるはずだ
えっ いま すぐに？
まだ 母は元気 だから 急ぐことじゃ ないんだ
こういう ことは 相続が 起こる前に 考えておいた ほうがいいんだ さあ 乗った乗った
ところで 空き家 バンク なんて いつできた んだ？
20年くらい 前から 始まって いまでは 全国の市町村の 4分の1 くらいに あるらしい

A市も空き家が目立ち始めたので5年前に作ったわけだ
市役所なら信用されるし無料で賃貸や売買の斡旋をすることができる
その一つがここだ
土地200坪つき木造2階建床面積40坪家賃は……

えっ
たったの3万円？
やあ大屋くん
金子さんご苦労様です
この地区の町内会長の金子さんだ空き家の管理も市が委託してる
コホン
顔の広い人だからこの辺じゃ空き家の相談はまずこの人にするんだ
広田地区の天地です
おおフサコさんも親父さんも昔から知っとるよ
ま　あがりなさい

ちょうどいい
窓開けを
手伝ってくれ
ガラ
ガララ
湿気は
家の大敵
でな
放っておくと
カビが生えたり
虫がわいて
どんどん
汚れていく
建具が
水分を吸って
建てつけが
狂ってくる
こともあるし

シロアリや雨漏りも年に1回くらいはチェックする必要がある
窓開けはどのくらいやってるんですか
だいたい週に1回くらいじゃなこの家はもう1年になる
つまり1年も借り手がつかないのか
ウム30軒の登録があって5年で100組の都会人が見学に来たけどな

売れた家は ゼロ
借り手が ついたのが やっと2軒だ
ええっ
そんな もんなのか？
この辺は 海も近いし 温泉や スキー場だって あるのに
甘い！
きっぱり
レジャー感覚で 田舎暮らしは やっていけない
いざとなると 田舎の風習や 人間関係に 二の足を踏む 都会人も多いのじゃ
祭

家を見て
トイレが水洗でない
と言って
逃げ出した
見学者もいた
じゃあ
借りた二組
というのは
どういう人たち
なんですか
ウム
一組は有機農業を
やりたいと言って
定年後に東京から来た
ご夫婦じゃ

もう一組は？
ウム
やはり定年後に焼き物をやるために窯の作れる奥まった一軒家を紹介した大阪のご夫婦じゃ
どちらも近所と仲よくやっているようだそのうち紹介しよう
ところで見学者からある期間現地に泊まって様子を見たいという要望が多かったな
ええ

なるほど もっともな 要望だけど 知らない人が 次々に 泊まる となると トラブルが 起きそうだな
そこで 俺と市が かけあって 空き家の 一つを 体験宿泊 施設にする 活動をした結果
なんとか 予算が出る ことに なりそうです
おおっ それは よかった
ヘエーッ おまえが そこまで 頑張ってる とはな
どうだ 見直したか こう見えても 俺の残りの人生は
空き家問題を 解消して 故郷を守るために 捧げる覚悟だ

故郷におまえみたいなのがいて心強いよ
僕の家も空き家になったらよろしく頼むよ
ウム
しかし前途は多難だぞ
ぎくっ
えっ？
さっきの話にもあったがわざわざ田舎で暮らしたい人は田舎でしかできないことをやりたいものだ

農業や焼き物をやりたい人にとって
広い畑や窯を作る場所は必須条件だった
天地の家は畑もないし窯も作れない
ガーン
フツーの田舎町の家だ
借り手があるとすれば転勤してくる人くらいだろう
しかしこの辺に大きな企業はないし

それじゃ市を挙げて企業を誘致してくれおまえの残りの人生賭けてくれ
できればとっくにやってるよ
そんな～っ
ハッハッハッ

解説　空き家の放置はマイナスだらけ

◆空き家をもつということ

「私のふるさとは、山梨県北杜市須玉町《ほくとしすたまちょう》大蔵という中央道須玉ICから車で5分ほどのところです。南アルプス甲斐駒ケ岳、八ヶ岳が一望できるロケーションで、田舎とはいえ周辺には大型店があるし、バス路線も整備されていて生活のインフラが確立されています。セカンドハウス利用をする人に人気のエリアなのですが、なかなか売れませんでした」

2010年、故郷の宅地と農地を売りに出した住友和夫《すみともかずお》さん（仮名・60歳・会社経営）はそう語ります。住友さんは小さいときにお父様を亡くし、人手が必要な農家の仕事をあきらめて母子二人で横浜に移住します。その際、親戚に頭をさげて家屋敷（約230坪）と農地（約1600坪）の維持を頼みました。しかし家が老朽化したため、このたび家を解体し更地《さらち》にしてから、農地と一緒に売りに出す決意をします。

「幼少期に離れたこともあり、先祖代々の土地を売りに出すことに抵抗はありませんでした。娘が二人いますが、継ぐ人間はいません。田舎に戻って農業をする気もないし、新たな人間関係を築くのも大変。１００％の『ふるさと』という感じがしないのです」

住友さんがこのように語る理由は、空き家を巡るご近所トラブルに疲れていたことがあったようです。まず雑草対策。近隣に住む親戚にケアはしてもらっていましたが、親戚が高齢になると頼みづらくなりました。モウソウチクの竹藪《たけやぶ》もあり、隣家から「枯れ葉が飛んでくる」「根がウチのほうに張ってくる」などと苦情を言われて、60万円をかけて処分。また、木片のチップを敷いて雑草などが生えにくくしました。

そうです。田舎の家は放置しておくといろいろな面倒が起きてしまうのです。環境の厳しい地帯では事態がより切迫しています。八ヶ岳山麓なら雑草や竹の対策くらいで済みますが、豪雪地帯では空き家のままで2回目の雪のシーズンを迎えると、家が倒壊するといわれています。屋根の雪おろしはどうしても行わなくてはなりません。雪深いところですと、最低でも一冬につき4～5回は必要だそうです。土木業者などが請け負った場合、地方や家の大きさなどによりますが3回で7万円前後が相場です。業者が少ないなどの理由で、1回で6万円もかかる地域もあるようです。

無人になった実家でも、とりあえず盆暮れに帰るからそのままにしておこう、という方もいらっしゃると思います。その場合は最低でも月に1回程度は窓を開けて空気の入れ換えをしたり、排水路や下水を溜めておく枡《ます》に溜まった泥を取り除いたり、落ち葉を清掃したりしてくれる人を地元に確保する必要があります。お盆に帰省したときにでも自治会の会長さんに聞いてみるといいでしょう。親切な隣人を紹介してくれたり、他の空き家の持ち主はだいたいどのくらいの謝礼で誰に管理をお願いしているかを教えてくれることが多いからです。地方によって値段の目安は変わりますが、年5万円でお願いしたり、屋根の雪おろしや室内清掃を1回につき2万円で頼むケースなどがあります。

高齢化が進み、そうしたご近所さんの協力を仰ぐのが難しくなっている地域でも、地元の土木業者や不動産業者などが副業として始めている「空き家管理サービス」に依頼できる場合があります。年間契約から1回見に行ってもらって1万円弱、といった契約までいろいろあるようですが、仮にも自分の家に入ってもらうわけですから、信頼できる業者を探しましょう。免許番号(5年ごとに更新する番号で、たとえば(2)なら免許を取得して5年以上10年未満の会社を指しています)などで本業の実績を確

認すると共に、都道府県の宅建指導課などで評判を聞いてみるといいかもしれません。

また、住んでいなくても地域とのつながりを保つため、区費を払っている都会人の例もあります。農業用水路や道の整備費、さらに消雪パイプの維持管理費などが加わると高額になりますし、集落を挙げての防犯対策にも費用が必要なことがあるようです。区費は農業用の水利権(河川など公《おおやけ》の水を独占的に利用できる権利)を含む場合で年間3〜4万円、消雪パイプの維持管理が必要な場合は別途1万5千円、安い地域ですと区費が数千〜1万円とバラつきがあります。いくらであっても「もう住んでいないから」といって区費を払わないでいると、地域にとってはフリーライダー(ただ乗りする人)となり、絶大な迷惑をかけます。それを気遣って住んでなくても区費を払うわけです。

後述する税金の他にも、空き家をきちんと維持するにはこのように様々なお金がかかります。離れていると疎遠になるご近所関係に、かさむ出費。その結果として、敷地や建物の管理ができなくなる。これが、全国の田舎で放置家屋が増えている理由です。管理者のいない空き家には誰が入り込むかわかりませんし、不審火や倒壊で周りの人に危害を及ぼす可能性もあります。荒れたままなら、そこに新住人が引っ越してくることはありませんから、地域に新しい風を入れることもできません。空き家の放置は故郷に大きなダメージを与えてしまうのです。

◆地方の強い味方「空き家バンク」

そこで、全国の各市町村において「空き家バンク」が活動するようになりました。放置家屋の弊害を憂慮した地方自治体がそれらを賃貸・売買物件として紹介し、新住民の定住促進を行う事業です。

空き家バンクを最初に始めたのは20年以上前、長野県や広島県、大分県などの自治体でした。山間地の集落で家を継ぐ子どもたちも次々に転出してしまい、空き家が増える一方だったからです。それらの地域では不動産業者が活動していないため、転出した子どもたちでは相続した不動産を処分、流通させることができません。しかし、廃屋の増加は集落の存続自体の危機となります。空き家バンクはこの状態をなんとかしようと手探りで整えられてきた制度ですが、他人の所有財産を扱うだけに信用問題や集金システムなどの課題も多く、制度を形骸化させてしまう自治体が続出しました。

のちほどご説明する登録制度が浸透して安全性を増し、各自治体がようやくある程度前向きに取り組みを始めたのは、ここ数年のことです。前出の田舎暮らしライター・山本さんも「利潤追求を目的としない行政運営なので、安心して利用する都会人が多いんですよ」と動向を語ります。

ハジメくんの故郷には幸い頼れる空き家バンクがあったようですが、空き家バンクを制度化した自治体は全国にある約1700市町村のうちまだ約400、つまり4分の1程度です。

空き家バンクは大都市近郊の農村や民間の不動産業者が活動しているエリアでは少なく、過疎地を多く抱える自治体が積極的に取り組む傾向にあります。豪雪地帯や離島では民間業者が動きにくいので、空き家バンクだけが不動産流通の唯一の方法だという地域も少なくないようです。運営しているのが自治体の職員のため、地元の情報や幅広い人脈を備えているのも頼もしい点。空き家の借り手や購入者の様々な不安に、都会に住む持ち主に代わって答えてくれるからです。

あなたの故郷には空き家バンクがないかもしれません。しかし、この制度の実際を見てみると地方自治体の現状や、田舎不動産独特の傾向がわかります。参考までにご紹介しましょう。

◆「とりあえず貸す」選択も

取材のために訪れたのは、新潟県長岡市の空き家バンクでした。窓口は長岡市役所の一角にあり、バンクに登録されている情報を見たり、担当者と直接相談したりできます。このバンクは2010年3月に空き家の所有者と利用希望者をマッチングするサービスを開始して以来、すでに11件の契約をまとめました。05年から10年にかけて11市町村が合併した広大な長岡市には様々な環境の土地があり、海沿いや雪深い山間部、豊かな田園地域、そして県内2番目のにぎわいを誇る繁華街からも物件が選べるバリエーションの豊富さも魅力となっているようです。

放置家屋問題に取り組む地方自治体は、まず地区長会などの地域ネットワークと役場担当者などが人海戦術で空き家の数や状態を調べ、その持ち主に連絡を取ってその家をどうするつもりかの意思を確認します。空き家バンク制度がある自治体はその時点で登録を勧め、制度を案内します。持ち主の了承が得られたら、持ち主や代理人の立ち会いの下に物件の現状を調べます。そして持ち主から建物の履歴や概要、権利関係、さらに希望価格などを確認して、情報を公開します（原則的にバンクが売値や家賃を指示することはありません）。

ちなみに長岡市の空き家バンクのホームページでは、不動産業者も驚くほどの詳細さで登録物件が閲覧できます（自治体によっては登録者のみに物件情報を提供するところもあります）。

長岡市空き家バンク担当・飯浜勝昭《いいはまかつあき》係長にお話を伺いました。

「市としては、交渉・契約に直接は関与せず、当事者間でお願いしていますが、契約するときには、なるべく不動産業者等の専門の方を仲介するようお願いしています。その際には、必要に応じて業者を紹介することもできます。おかげさまでこれまでの契約物件のなかでは、トラブルは一切ありません。もちろん業者を介さずに直接の取り引きも可能です。市が行うのは、安心して取り引きできる地盤を整えること。利用者には登録の際にきちんと個人情報を記入してもらい、登録される空き家は家主と物件について調査と確認を行います」

◆悲鳴をあげて倒れる家

実際にどんな空き家が登録されているのか、2軒の登録物件を見せていただきました。

最初に訪れたのは、田園風景が広がる地域にある農家の売買物件です。蔵や、ちょっとした作物が採れそうな畑もあります。敷地約284㎡（86坪）で家は床面積約159㎡（48坪）。1971年築で価格は139万円です。

次は、やや山に入った農家。周辺には畑があり、交渉次第で畑も借りることができるといいます。敷地約１３２６㎡（４０２坪）、床面積２２１㎡（67坪）と広めです。これは１９４９年築で希望価格４５０万円でした。２軒とも、都会人の目からは驚くほど安い印象を受けます。

途中、２００４年に起きた中越地震の被害が大きかった山間部を案内してもらいました。旧山《やま》古《こ》志《し》村《むら》のあたりでは傾いたまま放置された家や、雪の重みに耐えかねて倒壊してしまった家があちこちにあります。飯浜係長の話では、家は倒壊するときに悲鳴のような音を立てるとか。痛ましい話です。

市はこれらの空き家の持ち主にバンクへの登録を呼びかけましたが、いざ他人に貸す段になると「片付けが間に合わない」「家の思い出があるから」などと言って辞退する人もいるそうです。

長岡市が空き家バンクを創設したのは、空き家の増加が深刻な問題になってきたからです。そうなった理由は大きく分けて二つ。市民が現在住んでいる住宅や敷地が狭くて新しく家を建てる場合、便利なところ、敷地のゆったりしたところを新たに選び、以前に住んでいた住宅は取り壊さずに空き家にしていること。もう一つは全国共通の少子高齢化で、両親を残し、子どもが独立して都会に出たパターン。さらに中越地震が起こり、被害を受けた家を放棄したケースが拍車をかけました。今後、東北でも類似の現象が進むと思われます。

◆空き家バンクの登録制度

さて、あなたもご自分の実家を空き家バンクに登録したとします。家はその後、どうなるのでしょうか。まずあなたからの物件情報や希望条件、物件の写真（長岡市では自治体が委託した業者が撮影します）などが空き家バンクの窓口やホームページで希望者に開示されます。

空き家バンクでは持ち主が「家を貸す」という選択肢を選ぶことができます。実はこれはバンク独特のメリットです。なぜなら田舎の家の場合、民間の不動産業者はなかなか借り手を探してくれない

からです（理由は3章でご説明します）。

一方、空き家を探す希望者は氏名、年齢、勤務先、利用目的、家族構成、その土地を選んだ理由などの個人情報を登録しなければなりません。自治体としては、持ち主や周辺に迷惑をかけるような問題のある人に来てもらっては困るからです。

「大多数の空き家バンクでは利用者に厳しい制約があります。原則として定住、あるいは将来的に定住、地域社会に溶け込んで貢献することを義務づけているところも少なくありません。最近は二地域居住（仕事をしている都市部などにも家をもち、2軒の家を行き来して暮らすこと）を認める自治体もポツポツ出現していますが、それでも地元と積極的にかかわる姿勢は求められますね。これが守れないという人には家を紹介しない自治体も多いのですが、その後の交渉や見学については当事者間の判断に任せ、市町村の行政は関知しないのが一般的です」と山本さん。

希望者は田舎暮らしをしたい都会人ばかりとは限りません。飯浜係長は分析します。

「空き家バンクには2パターンの需要があります。まず、田舎暮らしを目指す都会人です。もう一つは、市内でも外れのほうにある集落から生活しやすい地域に越してきたり、近在の農地を探していたり、勤務先は市街地だけれど、暮らす家はもう少しのんびりした場所を探しているなどの人。つまり市内間の住み替え需要です」

長岡市では現在のところ、都会の人より市内や県内住民からの問い合わせのほうが多いということです。つまりあなたの実家の近所に、あなたの家をほしがる人がいるかもしれないわけです。

さて、あなたの家に興味をもった希望者が空き家バンクの窓口に連絡しました。すると空き家バンクがあなたに見学の可否を確認・調整し、あなたの回答を希望者に知らせます。所有者がその物件の近くに住んでいるとは限らないので、自治体が橋渡しをするのです。待ち合わせの場所や家賃・売買価格など具体的なことは当事者同士で決めます。都市近郊の農村では、トラブルを防止するために信頼できる不動産業者の仲介を勧める自治体もあり、官民の協力で空き家バンクの精度があがっているといえます。

新潟県の場合は、空き家バンクの利用者にはリフォーム後の入居を考えている人が多く、そんな人は購入後のリフォーム費として200万～300万円ほどの予算を用意しているようです。雪によるダメージがあることを予期しているわけですね。長岡市では、市内に住む人に限って資金融資も行っています。

ここまで、長岡市の空き家バンクを一例にご紹介してきましたが、現地に行かなくても地元のこうした支援情報を得る方法があります。それは各県のアンテナショップ。たとえば東京・表参道にある新潟県のアンテナショップ「ネスパス」内には「にいがた暮らし相談窓口」が設けられ、移住や就職の相談に乗っています。アンテナショップというと物産の直売や観光を軸にしているイメージが強いですが、他にも有楽町の「かごしま遊楽館」や南青山の「ふくい南青山291」などUターン、Iターンの支援をしているところもたくさんあります。あなたの故郷にはどんな空き家対策があるか、お買い物ついでに相談に行ってみてもいいかもしれません。なお、アンテナショップがどこにあるかわからないという人は、東京・銀座の認定NPO法人「ふるさと回帰支援センター」を訪ねるのが早道です。ここには全国各地の自治体情報が集まっており、あなたの故郷の担当者を紹介してくれる場合もあります。

第3章

貸家にする？ 農地・山林はどうする？

第3話　友の悩みはわが悩み

ヘエ　お父さん
兵庫県の家に戻るの？
じゃ
私たちも
引っ越す
わけ？
俺は東京で
就職するから
こっちに
住むよ
私も
大学は東京に
決めてるの
おまえたちに
言ってない
だろ
お母さんと
どうするかって
……
私
自信がないわ
ハジメさんの
故郷といっても
私には別世界だし

ヨシエさんに家を継いでもらえば？
遺産も全部ヨシエさんにあげるからって
ヨシエと同じこと言ってる
何もいま決めなくていいんだから
お母さんも元気だし
ただ高齢だし一応相続のことも考えとかなくちゃ
そうね
ウムム……
思ったより反応は厳しいぞ
プルルルル

ハイ天地ですが
えっ南？
あっ南敏章か
小学校以来の幼なじみ南敏章
ダイゾウから聞いたよ地元の空き家を見に行ったんだってな
実は僕の家が空き家になっててな
らしいなうちもいずれ同じようなことになるよ
だろう？それやこれやでどうだ近いうちに一杯
いいね積もる話もあるしな

あかつ
乾杯
おまえは高校時代と変わってないな
それで南は実家に帰るつもりなのか
僕が実家を相続した以上定年になったらそうするつもりだった
だが女房が絶対反対なんだそれより自分の家を継いでほしいって
奥さんの実家を？

ああ九州の田舎でね大きな田畑や山林をもつ旧家なんだが
南の家も旧家じゃないか
ケタが違うよヒノキの山が3つ感心なことにまだ林業が成り立っているらしい
ヘエーッ山林王かすごいな
そこに形ばかりでいいから当主として戻ってきてほしいと言われた
そっ……それで？

定年後の生活は やはり 女房が大切だ
女房が 暮らしやすい ところを 選ぶしかない
九州は 僕にとって 見知らぬ 土地だが 男は女と違って 気楽だからな
じゃ 南の 実家は どうするんだ
貸すには広すぎる 売るしかないだろう
……
いろいろやったさ 親戚に引き取って もらえないかと聞いてもみた

だがみんな高齢で大きな家なんか管理できないと断られた
更地《さらち》にしたら売りやすいと聞いていたが
建物をなくすと固定資産税が5、6倍にもなるらしいな
売地
TEL 08910XXX
空き家バンクのことは知ってるんだろう？
ああ……しかし登録すればすぐ知れわたって恥をさらすようなもんだ
だから少し離れたF市の不動産業者に売ってもらうことにしたんだが

ヴーヴーヴー
失礼
ウン
売れないものは仕方ないだろ
勝手なこと言うんじゃない
手は尽くしてるんだ
ごめんごめん
奥さんかい？
いや弟だ
いま海外にいるんだが

カネが要るから早く家を売れと何度も催促してくるんだ
まるで僕がわざと売り渋ってるみたいな言い草なんだよ
フーム そりゃひどいな
1年前にその業者に仲介を頼んでから何人か見に来たらしいが売れそうな気配はないんだ
いくらで売りに出してるんだい？
1千万円だ
えっ
あんな大きなお屋敷が？

相場ではそれが上限らしいよ僕はもっと安くても仕方ないと思うんだが弟が承知しない
そうか弟さんも事情があるんだろうが
家の他にある1町歩の田んぼと5町歩の山林も売ればカネになるはずだと言うんだが
えっならないのか?
農地は農家しか買えないし
山林に至っては買い手がつかない

うちの両親が歳をとってからは近所の農家に田んぼを任せてたんだが
任されたほうにしたら周りの田んぼを荒らされないためのボランティアみたいなもんさ
旧家も内情は苦しかったんだな
それも僕の代で絶えるんだ
天地の家はおまえが相続するんだろ
ウン
でもあそこに住むのは自信がないって女房が言うんだ

僕たちにとっては懐かしい故郷だが
女房にとっては未知の世界だからな
いや案外僕たちにとっても未知の世界かもしれないぞ
えっどういうことだ？
天地は地元の消防団のことをどれだけ知ってる？
消防団？
そうだな子どもの頃校庭で放水訓練をしたりお正月に出初《でぞ》め式《しき》をやってたな

あれは全員
地元の若い男
だったんだぞ
僕たちは
高校を出てから
大学に行くため
上京して以来
ずっと東京で
暮らしてきたが
地元に残った同級生は
消防団に入って
火事はもちろん
自然災害のときも
地域を守ってきたんだ
集落の一員としては
葬式があるごとに
金と労力を出し合って
助け合ってきた

地元の連中がそうやって守ってきた町へ歳をとってから帰ってうまくやっていけるだろうか
言われてみればそうだな
僕たちも故郷のことを知らないのかも
おっと
ヴーッ
ウン例の同級生と話してるとこだ
ああやはり奥さんが反対だそうだ
ゲフッ

こんどは奥さん？
ああ
おまえのこと話したらいろいろ聞いてくるようにってさ
奥さん心細いんだよ
そっちもな
とにかくいつまでも空き家にしておけないからな
女房の実家のこともあるしA市の家は早く売るしかないよ
あかつき

しかし 今夜は同級生と同じ悩みを相談できて救われた思いだよ
こっちこそいろいろ勉強になったよ
もっといろいろ知らなくちゃいけないこともあるだろうし
ときどき会って情報交換しよう
じゃまた
シャカシャカ
変わってないのはおまえのほうだよ

翌日――
ハジメのオフィス
ヘエ
天地部長の
実家って
兵庫県だったん
ですか
じゃ
いつかは兵庫県に
戻るんですか
ウ～ン
いや……
そのことで
悩んでるん
だけどね
奥さんが
反対してるん
でしょ
ドキッ
ブッ

実は私も島根の実家を相続しなくちゃいけないいんですが女房が反対で
えっ課長も？
僕は熊本の田舎の家を相続するんですが女房がね……
うちは秋田ですやっぱり妻が……
私は高知ですが何か？
僕は北海道に広大な農地を……
ここだけの話……
みんなそろそろ仕事を

解説　貸家にする？　農地・山林はどうする？

なかなか方針の決まらないハジメくんに比べて、南くんは実家を処分する覚悟を決めました。が、簡単にはいかないようですね。本章では、持ち主から見た田舎不動産の難しさをご説明したいと思います。

◆家を貸すのは難しい

都会に住んでいると、中古住宅の広告や「土地・建物を求む」なんてチラシが郵便受けに入ってきます。それを眺めて「坪100万円を割っているから買い得だ」なんて、高い安いを考えることもあるかもしれません。しかし、そのように相場観に基づいて価値判断ができるのは、土地や建物が「商品」として成り立っている証《あかし》です。田舎の物件となるとまったく事情が異なります。多くの場合、流動性が極端に低く値がつけられない、一口に財産とはいえないのが田舎の不動産なのです。田舎の不動産を処分して一財産作りたい、と期待しても、たいがいの場合は裏切られます。田舎不動産には「相場」がないため、結果的に小遣い程度にしかならないケースも少なくないのです。

あなたの実家が県庁所在地か県内で3番目くらいに入る規模の市内、それも交通の便がいいところにあるのであれば、不動産は「安い」だけで、都会とそう変わらない感覚で売買できるかもしれません。しかし、いわゆる農村や山間地だと、新しく工場ができる、もしくは高速道路を通すなどの大きな変化がない限り、不動産の需要は発生しません。同じ地域内の実家から独立して新居を探す若夫婦の需要も考えられますが、そもそも若者が減っているうえに、彼らにはロードサイドの新築アパートなどが人気のようです。

もちろん、リタイア後の移住や就農で田舎暮らしを望む都会人は決して少なくありません。田舎暮らしサポートの専門誌もあるほどですが、彼らと田舎の家を処分したい人のあいだには需給のギャップがあります。田舎暮らしを始めたい人のほとんどは、いきなり田舎の物件を購入するつもりはありません。まずは住んでみたい地域に家を借りて体験したいと思っているのです。それもできるだけ安く。

「それは願ったり叶ったり。私も実家を売るつもりはなく、きちんと住んでくれる人に貸したいんですよ」、そう思う方もいらっしゃるかもしれません。しかし、前章で紹介した空き家バンクがない場合、こんどは借り手探しに苦労することになります。もし需要があっても、両者をつなぐ機関がないからです。

あなたが実家を貸し出そうとして駅前の不動産業者に問い合わせをしても、相手にしてくれる可能性は低いでしょう。理由は簡単。田舎の家賃は月5万円以下が当たり前で、1万～3万円もザラです。法的に不動産業者の手数料は貸し主・借り主から合わせて家賃1ヵ月分しか取れないため、仲介しても赤字になりかねないのです。

一般的に地方の不動産業者は繁華街や新しい住宅地の物件の売買が収入源で、物件の告知エリアも地元に限られています。広告費を使って地元の人に古い賃貸住宅を紹介したところで、どれほどの効果が期待できるでしょうか。たまに来る見学客を、駅から遠い物件まで連れていく手間もバカになりません。また、問題のある人に家を貸してしまうと、地元の人の信用を失うのは業者のほうです。

「かつては賃貸の仲介もやっていたのですが、トラブルが多くて中止しました。現在の法律では借り主の権利が強いため、〝出ていってほしい〟と言っても、すぐに出てもらうことはできないのです。強い権利を利用した悪質な借り手もいるんですよ」

静岡県浜松市の不動産業者「浪漫堂《ろまんどう》」の城内直樹《しろうちなおき》社長はこう語ります。地元の不動産業者が賃貸物件に消極的になるのも無理はありません。強い権利とは、借地借家法で「正当事由がないと自動的な法定更新が認められる」ことを指します。持ち主の側から見ると、家を貸していると売りたくても借り主に居座られて話が進められないこともありますし、「近々必ず買うからその前に体験的に住まわせてほしい」などの要望に応えて貸してしまうと、マイホーム（居住用財産）として売る場合に期間限定で受けられる3千万円の譲渡税の特別控除が受けられなくなります。特別控除が受けられる期間後にトラブルが起きて店子《たなこ》がいなくなった場合、貸し主はその損失に加えて税金面でのメリットも受けられなくなってしまうのです。

故郷に残した家を貸す……一見いいアイデアに見えますが、空き家バンクなどの協力なしに「いい借り手」と出会い、代わりに住んでもらって適当な時期に出て行ってもらおうというのは、虫のいい考えといえそうです。たとえばよほど仲のいい近隣の人が喜んで使ってくれる場合なら別ですが、家賃の回収が大家の仕事になることを考えると、リスクや手間がバカになりません。家を貸す選択肢は、地元とのつながりが残ることや、多少の収入と建物の維持が見込めるだけと考えていいでしょう。

それでは南くんのように「売る」と決めれば、不動産業者も積極的になってくれるのでしょうか？　それでも話は簡単ではありません。実際にもう田舎を離れるとなると、処分すべき財産には「農地」や「山林」が含まれることが多いからです。この両者の処分方法がまた独特で話は難しい。家、つまり土地家屋を処分する方法や売買状況は次章に譲るとして、ここでは都会人になじみのない農地と山林について説明したいと思います。

◆田舎の土地と法律

1章で見たように、田舎では土地家屋と生産手段であるところの農地や山林について、昔からの習慣に基づいて所有者を決めていました。

高度経済成長期に都市住民が激増し、都市建設に混乱が起きないよう1968年に定められたのが「都市計画法」です。都道府県が地域の開発方針を定め、それぞれに開発促進もしくは逆に規制をかけられる法律。都会に暮らす人であれば「低層住居専用地域」の第一種と第二種では容積率が異なることをご存じだと思います。それを定めているのが都市計画法です。この法律は日本の全国土のうち約3割を「都市計画区域」に指定し（指定していないところは都市計画区域外といいます）、区域内を「市街化区域」「市街化調整区域」、区分しない「非線引区域《ひせんびき》」に分けています。都市計画区域外であれば建築の制限はあまりありませんが、農山漁村でありながら上下水道などのインフラがある程度整っていれば、都市計画区域内の市街化調整区域または非線引区域にある可能性が高いでしょう。

実家が区域内にある場合、こんどは「市街化調整区域」にないことを祈るしかありません。市街化調整区域では無定見な都市化を抑制するため、原則として家の建築や開発行為が認められていないからです。また、自治体によっては家の再建築が認められない場所もあります。もちろん純粋な農村にこの指定がかかるわけですから、昔からの農家は建っています。増改築や売買はできますが、家が壊れたとしてもその宅地に新築はできないのです。こういう物件を買いたがる人はあまりいないでしょう。人口増を前提として「まず開発ありき」の都会とは違い、地方では都市近郊であってもむやみに市街化させず自然を保つために、こういう政策が採られているのです。

◆農地を売るのも難しい

農地の売買も同じく法律の制約を受けます。ご存じない方も多いのですが、農地は原則、新規就農者を含めた農家にしか売ることができません。戦後、ＧＨＱが日本の民主化を進めるうえで不在地主制度を否定し、農地改革を行ったことは有名です。自営農家を守るため、その取り引きを厳格化した「農地法」も、その流れで成立しました。

登記簿上の地目が「田」または「畑」となっている土地の場合は、①取得後の耕作面積が5反歩《たんぶ》（1500坪）以上ある（ただし北海道のみ2町歩＝6千坪以上、他にも例外はあります）②農地と同一市町村に住み確実に農業を営んでいる、の2条件を満たした相手にしか売ったり譲ったりできません。新規就農者に売買することも可能ですが、その法運用に関しては地域差も大きく、厳しい制限が設けられているところがあります。

②の規定は、ただ住めばいいのではなく住居を確実に移転することが必要という厳しい条件です。それも売買する双方が「営農計画書」か「土地利用計画書」を添えて地元の農業委員会（市町村庁舎内に設置されており、委員の大半は選挙で選ばれた農家です）に申請し、許可を得る必要があります。国内産業の趨勢《すうせい》はともかくとして、農地法は農家の生産財としての田畑を厳格に守るための法律なのです。

しかし農地を宅地などに転用して売買することが、まったく不可能というわけではありません。幸いにして「市街化区域」に農地がある場合、農業委員会に届け出すればすぐに地目を「宅地」に変更することができ、売買は自由です（この申請は農地法第5条に規定があるため「五条申請」と呼ばれます)。最も宅地に転用しにくいのは「農業振興地域」(のうしん)にある田畑です。山林や原野が指定されている場合もありますが、そこは「農業振興地域の整備に関する法律」によって、計画的に補助金などを使って農業を振興すべきだとされている地域だからです。地目変更以前に、この指定を解除してもらわなければならず、そのためには市町村長への申請が必要です(それでも複数の農家が米を作っている広々とした稲作地帯の真ん中などの場合、許可は下りにくいでしょう)。つまり地目変更できるかどうかが、あなたが相続した農地の価値を決めてしまうわけです。

◆農地は貸せる、こともある

このように農地の売買は難しいのですが、その壁にぶち当たったのをきっかけに、家を売る踏ん切りがついた人もいます。

空き家バンクに実家を登録している朝霞徹《あさかとおる》さん(仮名・77歳・自営業)は高齢のお母様を東京に呼び、家や農地は親戚に貸していました。その親戚が家を購入して転居していくと、実家は空き家に。その後お母様が亡くなって6年が経ち、

「実家にいた頃の母の姿が脳裏に浮かび、売るのをどうも躊躇《ちゅうちょ》していました。しかし、ど

うしたって農地だけは手元に残るんだから先祖からの土地をすべて手放すことにはならない、と、家を売る罪悪感が薄らぎました」

そう思ったそうです。空き家だと周辺にいろいろと迷惑をかけるので取り壊そうとしましたが、取り壊しに200万円が必要と聞いて断念。そのままで空き家バンクに登録して50万円で売りに出しており、買い手がつかない場合は月額2万〜3万円で賃貸も考えているそうです。農地はそのまま親戚の方が作付けし、3反で年に4万円の地代が入ります。固定資産税は住宅と農地、山林(約4反)を合わせておよそ5万円かかりますが、農地が故郷と朝霞さんご自身をつなぐ絆《きずな》のように感じているそうです。

農地を貸す場合はどうでしょうか？

実は、「統計局ホームページ統計データ」に掲載されている「日本統計年鑑」7章で、都道府県別平均の農地の小作料(地代)がわかります。それによると、10a(約1反＝300坪)あたりの田んぼの平均小作料が最も高いのは新潟県で2万円(年間)、安いのが京都で7千円。畑だと2700円(山口県)から1万円(千葉県)くらいの価格帯になっているようです(2009年)。

しかし、これも借り手が見つかれば、の話。農地は貸す場合も農地法の制限を受けますし、現在の田舎で借り手が簡単に見つかるとは限らないからです。
高齢化が進む農村の場合はご近所に耕作を頼んでも「自分の田畑を耕すだけで手一杯」と、断られることが少なくありません。

日本の耕作放棄地は年々増加しており、農林水産省による２０１０年「世界農林業センサス」の調査では39万6千haの広大な農地が使われていないと判明しました。埼玉県とほぼ同じ大きさの土地が遊んでいることになり、非常にもったいない話です。耕作放棄地に対してはなにより地域の危機感が高く、地方自治体が農業委員会を紹介し、都会人が相続してから使っていない農地を貸す相談に乗ってもらえる場合も多くなっています。

また農水省はこの事態を重く見て09年に農地法を改正、一般法人でも農地が借りられるようにしました。イオンやＪＲ東海など大企業がこの改正を利用して農業に参入、話題になったため、ご記憶の方もいると思います。

あなたの田舎にもたまたまやる気のある営農者や法人がいて、農業ビジネスに取り組むために、あなたの農地を借りてくれるかもしれません。現に茨城県つくば市の農事組合法

人「つくば農業生産組合」では、開発が頓挫《とんざ》したゴルフ場の土地（地目は農地）をはじめ、後継者がいない高齢の農家や、都会に出ていて農業ができない人に声をかけて耕作放棄地を借り、農地面積をスタート時から１・６倍にも増やして急成長しました。組合では環境・地域・経済の共生と農・商・工の連携による循環型農業社会を目指しているそうです。これは企業の成長のみならず、雇用面でも地域にプラスに働きます。

山形県では企業が飼料用の米を生産したり、ブランド豚を飼育したりしていますし、鳥取県では高級魚ホンモロコを養殖、広島県尾道《おのみち》ではジャンボニンニクを各地の名産として育てるなど、様々な取り組みがなされています。また全国のＮＰＯでも地域活性に活用する動きが盛んです。たとえば尾道市の離島である百島《ももしま》では住民有志が市民農園を開きました。島外から週末や仕事の合間に農業を楽しむ「週末ファーマー」を呼び込み、島の活性化につなげているのです。

このように農地が活かされれば、収入面のメリットも大きく、地域振興にもつながります。しかし、賃貸だといつ「返してくれ」と言われるかわからないため、現実には二の足を踏む法人も少なくありません。２０１１年5月現在、菅内閣は農地法のさらなる改正に前向きだと報道されていますが、先行きは不透明です。

◆山林は厄介な財産

農地もさることながら、山林はもっと大変です。住もうと思ったら宅地と違ってインフラの工事が必要なのはもちろんですが、農地のように収穫物で税金の穴埋めをすることも難しい。土地がある限り固定資産税はかかり、熊やイノシシなどの獣の生息地にもなる。まるでコストに見合いません。かといって固定資産税を払わないでいると、いずれ市町村からあなたの財産を差し押さえるとの通知が来ます。「じゃあ代わりに山林をもっていってよ」と頼んでも、山林の物納による精算は（銘木の産地でもない限り）認められません。

物納が断られる理由は木材価値の低下にあります。国土の7割が山林である日本では、国内木材の地産地消を促す声があちこちで聞かれます。しかし現実的には木材価格は大きく下落傾向にあり、売り上げが経費を上回るケースは杉林で樹齢が50年以上のものに限るという試算もあるほど。商品になる木材を育てるには、下枝を切り落としたり育ちの悪い木を間引く間伐などの手入れを続ける必要があります。その経費はあがっているのに木材価格がさがっているので、こういう現象が起きてしまうのです。また、伐採した木材を山から運び出す林道が整備されておらず、切り出しが不可能なケースも多くあります。

「うちには山があってなぁ」と、お父様から聞いた記憶のある方は、なるべく早く現地確認をすることをお勧めします。意識的な植林がされていない山の場合だと、どこからどこが自家の山かもわからないことが多いからです。公道がないので入ることもできず、でも固定資産税は払い続けている……そんな「山もち」が全国に大勢います。

こんな苦しい状況下で山林を相続した方にお話を聞くことができました。いったいどのように利用されているのでしょうか。

約10年前、祖父から静岡県の伊豆半島内の山林を相続した大島文明《おおしまふみあき》さん（仮名・44歳・会社経営）は相続手続きの際、公図上で山の場所を確認しました。なんと周囲はすべて他人の土地。つまりその山にはアクセスできません。お祖父さんは、価値のない土地をだまして売りつける「原野商法」に引っかかっていたわけです。

大島さんは仕事で伊豆を訪れる機会がしばしばあるそうですが「あのあたりは自分の土地だと視認はできますが、山に入ったことはありません」と苦笑します。税金もバカにならないので売却をもくろみましたが、買い手は見つかりませんでした。弁護士、税理士、司法書士、地元の政治家とあらゆる知人に相談してたどり着いたのは、「共同名義にして、可能な限り税金を抑えて維持する」方法だったそうです。相続の対象となる親族全員で権利を分割して、税の支払いを分散させたのですね。山は現在もそのままです。

「きっと荒れ放題だろうと思います」

もともと遺産相続の際に山は相続放棄することを考えていたそうですが、山林を相続しないと他の遺産が手に入らなかったため、やむなく、だったとのことです。

◆固定資産税はカブトムシとキノコに

次は、たまたま山梨と長野の県境近くの山林を譲り受けた村山英樹《むらやまひでき》さん(仮名・34歳・会社経営)。多忙なため、夏休みのカブトムシ採りと秋のキノコ狩りくらいでしか山に入らないといいます。「売却も難しく、かといって住宅にするわけにもいかないので、固定資産税は子どもたちと遊ぶための入山料と割り切っています。環境はいいから、ログハウスでも建てて別荘として使ってもいいかなと思ったのですが、いかんせん仕事が忙しくて、年間に何日滞在できることか。さらにライフラインも整備しなければいけませんし……」水に至っては自治会で運営しているため、住民にならない限り供給されないそうです。

その山から車で1時間とかからない分譲別荘地だと、中古建物30坪つきで120坪350万円ほど。買う予定はありませんが、この別荘を買ったほうが自分の山を保持するより安いことがわかりました。別荘地なら維持管理を他人に任せられます。「とはいえ、田舎は二つも要らないですよね」と語る村山さんの言葉が印象的でした。

以上、農地よりさらに暗澹《あんたん》たる山林の現状を見てきました。振り返ると、戦後日本が工業化と都市集中を進めてきたツケが田舎の様々な部分にわだかまっていることがわかります。お金と手間暇がかかるから、目を背けて現状維持する、放置する。その結果、田舎はさらに荒れる。そうした負の連鎖は、なんとか私たちの代で止めたいものです。

もちろん、国も手をこまねいているわけではありません。林野庁では、小面積の林地を集約化して計画的に森林整備を行う人や業者に対し、森林施業や作業道の開設資金を直接支払う補助金制度や水源地確保に向けた取り組みを始めています。また、「全国森林組合連合会」では、故郷に山をもっている人を対象に「全国ふるさと森林相談会」を開催。地元の森林組合の方が会場に出向き、森林の手入れや管理について提案を行っていま

農地は
農家しか
買えないし
山林に
至っては
買い手が
つかない

す。現在開かれているのは東京、名古屋、大阪、福岡。森林の手入れには現在1haあたり20万から30万円の費用が必要といわれますが、必要な経費のうち約7割を国、都道府県が助成してくれるため、この制度を活用すれば森林の持ち主の負担は経費の残り3割で済みます。間伐材が売れれば現金負担を減らせるばかりか、場所によっては収入も期待できるでしょう。

相談会ではさらに、森林組合と司法書士が連携して、山林の相続登記に関する相談にも乗ってくれます。森林を売るためのシステムはまだありませんので、CO_2の排出量削減が叫ばれている現在、「売る」のでなく、森林保護という観点で思い切って「守ってみる」という選択はいかがでしょうか。

第4章
田舎の家を売るには

第4話　あの日に帰りたい

3ヵ月後
8月
ハジメの故郷
A市駅
まあ ヒトミちゃん 大きくなって
ご無沙汰 してます おばさん
ツムグは 夏合宿で 来れなかっ たよ
お母さん 少し歩ける ように なったのよ
先に お墓に行って 待ってるわ
旅館、弁当.仕出
菓子
とみや

随分たくさん お墓が あるのね
天地家之墓
先祖代々の お墓 だからね
天地の家の人が 代々守って きたのよ いまは私の番
ドキン
私もそのうち この中に 入るけど それまでは しっかりお守り しますからね

そうだ……
母が亡くなったら
この墓を
守るのは
僕の役目
なんだ
もし家を
貸したり売ったりしたら
墓参りや法事でも
近くに宿を探さなくちゃ
いけなくなる
お宅には
いつ
伺いましょう
実は
貸してまして
ううっ
仏壇に
お線香を
家は
売りまして
わーっ
いい眺め
天地

ヒトミちゃん 一人でも ときどき 遊びに 来たら いいよ
とはいっても 何もない ところだから 退屈かねえ
そんなこと ないわ 山も海も あるし
冬はスキー だって できるん でしょ
そうだよ
お母さん やっぱり 一人 暮らしは 寂しい みたいね
ヒトミちゃん 私たちと 海へ 行くけど メグミさん は？
私は家の中を 片付け てるわ
僕は ちょっと 約束が

南家

こういうところですが
ハイ
わかりました
それじゃ
早速
ガラクタと一緒に捨てるとこだったがお金になって助かったよ
天地のおかげだ
なあに
子どもの頃からよく遊びに来てたから古い掛け軸や屏風《びょうぶ》がたくさんあったのを思い出してね
息子とネットで京阪神の骨董屋を検索してみたんだ

失礼します
おっ 次が来た
紹介するよ F市で不動産業をされてる村上《むらかみ》さんだ
あっどうも 村上です
天地です
1年前にこの家の売却か賃貸をということでお預かりしまして
何組かのお客様をご案内したんですが成約に至りませんで最終的な方針をご相談に伺ったわけです

私としてはもう1年ほど様子を見ればと……
いえもうこれ以上は
南!?
実は村上さんの会社で買い取ってもらうことに決めてたんだ
そういう方法があったのか
ええ……しかし当初からお伝えしていたように買い取りとなると一般の売却よりかなり価格がさがります
そ……そうなんですか

この家は
1千万円で
売りに出て
いたの
ですが
当社で
買い取ると
なると
となると
……
ゴクリ
300万円
です
ええーっ
ガーン
そんなに
驚くなよ
僕も最初は
安すぎると思ったが
空き家の維持管理を
考えると仕方ないと
思うよ
いままでは
知り合いの
工務店に安く
管理してもらってたが
それでも税金や
公共料金はかなりの
負担だった

この先 売れる保証はないし修理費もかさむかもしれない
３００万円は妥当だなと思うようになった
それじゃ今日は仮契約しておきましょう
わかりました
僕は席を外すよ
いや 天地もいてくれ
なんだか犯罪を犯すみたいで一人じゃつらいんだ
僕は共犯か

一つだけお願いが
なんでしょう
この家を大切にしてくれる人に買ってもらいたいんです
南……
じーーん
いや勝手なお願いでした
お気持ちはよくわかりますいい人を探しますよ
それじゃ
終わったな
ああ

あとは弟だ
300万円で売ったと伝えても疑うに決まってるこの家なら安くても3千万円はするはずだなんて言ってたからな
ま一杯いこう
おっと
ウンこっちは全部片付いて一杯やってるとこだ

ダイゾウだ
出張先から
帰って
いまこっちへ
向かってるって
ウン
じゃ 乾杯
今日は
ありがとう
救われたよ
そんな……
それより
南に
謝らなくちゃ
いけないことがある
ALBUM
ハジメ
昭和46年
~
47年

実はここが売りに出てることをダイゾウを通じて町内会長に伝えたんだ
南は内緒にしときたかったんだろうが
案外近所でほしがってるケースがあるらしいからこっそり聞いてもらったんだが
買う人はいなかったそうだ
スマン
天地
僕と妹と縁側で

なんだ そんなことか そりゃ周囲の目は 気になったが もう1年も 空き家のままなんだ みんな わかってたさ
その話は もう 終わりだ
ウン
思い出すなあ この広い庭で ダイゾウと3人 よく遊んだな
ああ 木登りや チャンバラごっこ な
南くんて いま会いに行ってる 人ね
ダイゾウと南くんと

ALBUM

解説

田舎の家を売るには

◆田舎の家でローンは組みにくい

ここまでの解説で田舎不動産の事情に詳しくなってきた読者の皆さんのなかにも、本章の漫画を読んで愕然《がくぜん》とされた方がいるかもしれません。「田舎の家って、そんなに安いのか!」と。繰り返しますが、それでも放置するよりはマシなのです。ここでは主に「家（建物・宅地）を売る」際のポイントを見ていきましょう。市街地ではなく、農村地帯をイメージしてください。

田舎の不動産売買は、都会ほどスピーディには動きません。空き家バンクの成約率を見ても、登録から1〜2年かけて買い手を探す程度の余裕が必要です。ただ、都会に家と仕事をもつあなたには、そうそう田舎に戻っている時間がない。状況からいって田舎にUターンする可能性も低いとなれば、やはりどうにかして売るしかありません。

ここで選択肢は二つあります。更地《さらち》にするか、家をそのまま売るか、です。

都会の中古住宅はよく「築10年でウワモノ（建物）は0円になる」などといいます。これはスクラップ&ビルドが前提の高度経済成長期に蔓延《まんえん》した幻想で、実際は固定資産税の減価償却の考えに基づき、耐用年数22年の木造住宅であれば22年目で建物の価値を原則1割と見積もるのが相場です。「原則」といったのは、建物は地盤の強さや工法、その後のメンテナンスによって同じ築年数でも価格帯に大きな幅が出るからです。

「俺が生まれる前に建った家だから、もうとっくに建物の価値はない。更地にして売り出したほうが早く売れるだろう」……いいえ、田舎の家に対しては、早々にそんな結論を出してはいけません。3章の漫画でも南くんが「更地のほうが売りやすい」と言っていますが、実は更地が動きやすいのは、人口流動性が高い都会の現象です。

北関東中都市の、ある不動産業者の社長は語ります。

「土地さえあればいくらでもお金になった時代は、田舎でも更地にして企業に売るのがいちばん儲かったよ」

1960年代から90年頃までは、大規模な土地があれば工業用地にしたいと自治体から声がかかったり、企業から直接売ってほしいと言われたそうです。しかし現在、企業が工場用地を探すのは海外です。90年代には、自治体自身が村おこしや町お

こしに更地確保をする試みも多く行われました。造成していない土地を300坪50万円程度の安値で都会人や若い世帯に売り、その代わりに造成費や地盤調査代、家の建築費を地元の企業に落としてもらう事業です。しかしこの新住民誘致は結局、各地で頓挫《とんざ》します。田舎暮らしをしたい人にとって、ニュータウン的な環境は魅力がないからです。土地が安いといっても新築するには最低1300万円程度は必要ですから、成功するかどうかもわからない田舎暮らしの最初に、それだけの出費をするのはリスキーだ、という判断もあったでしょう。

肝心なことを忘れていました。「田舎物件は原則、ローンを組めない」のです。不動産ローンは①不動産の担保価値、②返済者の支払い能力が確実であれば認められますが、①については、金融機関は田舎物件に対し冷酷なことが多く、そもそも遠隔地に担保物件をもちたがりません。②も、購入者が週末田舎暮らしをするサラリーマンであれば別ですが、リタイア後であったり、田舎に引っ越して農業を始めたい、などの人にはローンはほとんど認められません（定年退職者を対象としたスルガ銀行の「ドリームライフシリーズ」といった例外も、あることはあります）。つまり売る側からすると、家を買ってくれる人はかなり限られているのです。

◆更地にする選択は

更地の話に戻りましょう。2章解説の冒頭で登場した、山梨の実家と農地を売りに出した住友さんには、ある後悔があります。

「おかげさまで農地のほうは、親戚の紹介で農家の方に売ることができました。須玉で交通の便がいいことから、奥まった地域の農家にとって魅力的だったそうです。ただ、話をシンプルにしようと家を壊し、更地にしたのは失敗でした」

その後、隣の親戚も家を手放す必要があり、全国的に田舎不動産を扱っている不動産会社に仲介を頼んだそうです。すると隣の家は100坪の宅地つき450万円で売れました。一方、住友さんが売りに出したのは230坪の宅地。このとき一緒に買ってもらえるよう交渉しましたが、予算オーバーを理由に断られました。

「隣の家を買った方は、新築する予算まではないという話でした。全国的な傾向かどうかはわかりませんが、やはり家屋があったほうが買い手はつきやすい。価値が0円のあばら家でも、リフォームするか新築するかは買い手の判断することですから」

長年、田舎暮らし希望者の動向を見てきたライターの山本さんも「少し前までは田舎の広い土地に好きな家を建てたいというニーズがあったが、現在では少数派になっている」

と分析します。

なお南くんが心配していた、更地にすると固定資産税が増える件。土地への固定資産税は地価公示価格の7掛《がけ》(70%。ここまでを「固定資産税評価額」といいます)の1・4%で計算します。ここは気の毒な住友さんの例で考えてみましょう。山梨県北杜市の須玉ICから車で5分エリアの時価は、国土交通省のホームページ内にある「土地総合情報システム」でおおよそ見当をつけることができます(田舎では地価調査が入っていない地点も多いため、周辺の取り引き事例から類推するしかない場合もあります)。1㎡約1万円として、×0・7×1・4%×230坪(×3・3)で固定資産税は約7万4千円と概算できます。しかしこの税制には庶民が家を建てる際の優遇措置があり、家が建っていれば、200㎡以下の土地は税額が6分の1に、それ以上でも3分の1になるのです。それにしたがって計算すると、住友さんが家を壊さなかった場合の土地への税額は約2万8千円。建物は木造建築物の耐用年数を超えているため無税(正しくは「控除の範囲内」)になるので、4万6千円も差がありました。

もっと田舎に行けば地価に応じて固定資産税も安くなるとはい

うものの、やはり長く更地にしておくのは得策ではありません。

◆相場価格で売れると思わない

先に空き家バンクのご紹介で、「家の中を片付けていない」ことを理由に故郷に家屋を放置している人がいると述べました。気持ちはわかりますが、それでは事態は動きませんね。そんなに愛着のある家なら、こまごまとした思い出の品は引き取り、要らないものは片付けて、大切にしてくれる人に新しく住み直してもらうほうが建設的ではないでしょうか。そう、家を売るのです。

家を売るには、新聞や情報誌に「売り家」の情報を掲載してもらい、個人間で取り引きをする方法や、空き家バンクへの登録などがあります。が、個人間の売買にはどうしてもトラブルがつきものですし、バンクだと時間がかかるのは先に述べたとおりです。早く確実に売りたい場合、やはり民間の不動産業者の手を借りることになります。個人間だと「言った・言わない」で最悪、代金をもらい損ねてしまうこともありますが、不動産業者の場合はトラブルに備えて宅建業保証協会などに分担金を供託していますから、万一の際にも安心です。

もちろん、地元に信頼できる不動産業者がいればそこに頼むべきでしょう。しかし3章でご説明したように、頼んでも手間賃が安すぎると言って扱ってもらえないこともあります。田舎の物件でよく動く、つまり田舎暮らし派に人気がある価格帯は賃貸で月額1～3万円、売買ですと土地100坪で500万円、そのまま住める家の相場が平均で1千万円です。安いですね。また、この価格帯はそれでも空き家バンクに登録されている物件より平均して高いため、空き家バンクが機能している地域だと「勝負にならない」という理由で業者が手を引く傾向があります。

注意していただきたいのは、右はあくまで売値であること。相続してから駅前の不動産屋さんでチラシを見たりして、あなたの田舎の家が市場価格で1千万円程度だったとしましょう。それを不動産業者に買い取ってもらうのなら、漫画にあったとおり3分の1の300万円がいいところです。多くの方はがっかりなさるでしょうが、業者にしてみれば流動性の低い商品を背負い込むリスクに加え、道路整理、ごみ処理、トイレの修繕費、雑誌広告やホームページPR費など様々な費用がかかる物件です。相場価格の1千万円で売りに出すとしても、仕込み原価は300万円でトントンといったところでしょう。

それでは、持ち主はあなたのままで業者に買い手を探してもらう「仲介」はどうでしょうか？　その場合でも業者は相場価格そのままで売り出すのに同意しないと思われます。少しでも安くして早く手離れさせたいため、７００万〜８００万円程度の価格設定を提案されるはずです。不動産業者の取り分は通常、売買主の双方から手数料３％＋６万円＋消費税（速算法）。電卓を叩けば妥当な線といえます。

ちなみに土地の価格について。感覚的にいくらで売れるのか知りたいというのであれば、先述した国土交通省の「土地総合情報システム」のホームページなどから確かめることはできます。が、この数値は公示地価であり、実勢価格ということではありません。

全般的にいえるのは、冬場の寒さが厳しい地域は安く、都会から比較的近くて温暖なところ、特に海に近い場所は人気があるため、高い値段でも売れるということです。温暖な海辺で坪10万円、それが内陸に入ると半分、4分の1にさがるのも珍しくありません。また富士山周辺や有名な高原地帯など、特にイメージのいい場所にも高価格がつきます。西日本では温暖な伊勢志摩や和歌山の海沿い、瀬戸内海の海沿いなどに人気があり、坪10万円を超える取り引きもあるそうです。が、内

陸の農村部では坪1万円以下も珍しくありませんし、山林などでは坪千円で売っているケースもあります。これも家と同様に売値の話ですから、現実は甘くありません。

◆田舎が得意な業者を選ぶ

田舎の家を売ってもらう業者には①地元業者、②全国「田舎物件」業者、③広域「田舎物件」業者の3タイプが考えられます（②③の名称は筆者が仮につけました）。それぞれご説明しましょう。あなたの実家が市街地にある新しめの家なのか、農村にある古民家なのかで、頼れる業者は違ってきます。

まず①の地元業者。これまでも何度かご紹介しているとおり、地元の事情に明るいのが強みではあります。ですが、あなたの家が地方の市街地など不動産流動性が高いエリアにない場合は、かなり安く見積もられる可能性があるでしょう。田舎物件を全国に向けて発信している地元業者ではなく、地元の物件を地元住民に仲介する「街の不動産屋さん」の場合は、あなたの「趣ある」実家に対し、新たな付加価値や顧客を見つけてくるのは苦手だからです。地元業者が扱ってくれるエリアかどうかは、近所に賃貸物件があるか否かが一つの目安になります。賃貸物件があるということは、そこに人口の流動性があり、都会と同程度ではないにせよ仲介ビジネスが成り立っている証拠だからです。

②全国「田舎物件」業者。全国の、いわゆる田舎らしい物件を都会人に紹介する会社で、最大手は東京・四谷に本部がある「ふるさと情報館」です。他にも「マイプラン・エス・テイ・コーポレーション」（本社・東京都渋谷区、担当エリア・新潟県・群馬県・長野県など10県以上）があり、認定NPO法人の「ふるさと回帰支援センター」でも自治体の担当者や地元業者を紹介してくれる場合があります。

ふるさと情報館は、田舎暮らしを望んで物件探しをしている会員を対象に月刊誌も発行しており、都会人が好む「田舎の家」の要素を熟知しています。実は137ページでご紹介した、住友さんの隣家の売買をまとめたのも同社です。代表でNPO民家再生協会の代表理事も務める佐藤彰啓《さとうあきひろ》さんは、

「やはり人気があるのは太い梁《はり》や大黒柱がある古民家ですね。でも、弊社で扱っている物件のうち7割は普通の中古住宅です。田舎暮らしをしたい人の多くはリタイア組ですから、見た目や便利さよりも、周囲の自然とのどかさを重視されます」

と、「売れ筋物件」を語ります。同社の公式サイトの「求む！売却物件」のページでは、自分が売りたい田舎物件の条件を入力すれば無料で査定してくれますので、相場を知るう

えで参考になるでしょう。同社では、土地は固定資産税評価額、建物は築23年以上であれば建築費の1割（建築費が不明な場合は100万円）を基本に、地域の特性や周辺の取引事例を加味して見積もるそうです。ただし、ホームページには「土地面積の目安は100坪以上でお願いします」とあるため、①の地元業者とは逆に、住宅街のなかの物件などを売るにはあまり適していないかもしれません。

「地元の人が〝こんな不便なところじゃ住む価値がない〟と思うようなところの家にこそ、都会人は価値を見出《みいだ》すんです。逆に地元の人が必要とする物件は都会人が買うべきではないと私自身も思っていますから」

佐藤さんはそう、同社のポリシーを語ります。

最後は③の広域「田舎物件」業者。一から数県にわたる地域の田舎物件を扱う不動産業者で、たとえば「奥三河《おくみかわ》カントリー」（本社・愛知県犬山市、担当エリア・愛知、岐阜、三重など東海地方）、「白《しろ》野《の》産業《さんぎょう》」（本社・大阪府大阪市、担当エリア・近畿一円）などが有名です。①よりは都会人の志向をつかんでおり、②よりはその地元とのつながりが強く、「〇〇地方に住みたい」との方針がしっ

かりした顧客層をもっているという利点があります。

地元の不動産業者であっても「田舎暮らし物件」を扱っている場合はあります。田舎暮らし情報誌であなたの実家近くの物件広告を出している業者を探してみましょう。また、ネットで「田舎物件」「田舎暮らし物件」と入力して検索しても、多くの業者がヒットします。

◆放置するほど安くなる

先にも触れた「仲介」か「買い取り」かは個別の事情で選ぶことですが、仲介を委託する場合は一社を選んで「専任媒介」にしたほうがいいでしょう。

というのも地方の不動産業者にはそれぞれ得意なテリトリーがあり、そこを外れた業者に広く声をかけても効果的ではないからです。また、不動産業者間で情報交換が行われているため、いろいろな業者に声をかける客は「儲けの薄い客」「力を貸したくない客」として、担当者のモチベーションがさがってしまいます。

どちらであっても、家を売る際に肝心なのは、「なるべく放置期間を置かない」ことです。2章でも見てきたように、家は人が住まなくなるとすぐに傷みます。田舎物件で人気が高いのは「手頃な価格ですぐ住める家」で、特に水回りに補修が必要かどうかが判断材料になります。それまで親が住んでいた家ならなおさら、その時点より状態が悪くならないよう日常的にケアすべきですし、早めに大きな家具などを撤去して、隠れた部分のダメージをチェックしましょう。空き家の期間が長いほど補修にお金がかかり、物件の魅力が損なわれます。

自分が育ってきた家を、大事に住んでくれる人に譲りたい、大事に使ってもらいたいと思うのであれば、いっそ自己負担でリフォームし、付加価値を高めてから売りに出すことも考えられます。汲み取り式トイレを水洗にし、風呂場を直すだけで見学者の印象はだいぶ変わります。その程度のリフォームなら、地域差はあるものの、通常100万円前後で済みます。

トイレ・風呂場・キッチンの水回りを一新し、その一方で何十年も前に貼った流行遅れのビニル製のフロア材などをはがして木目を活かしたフローリングにする、など、都会人が好む「田舎の家」の演出方法が考えられます。この場合は200~300万円かかりますので、その見返りがあるかどうか、不動産業者と相談しながら進めましょう。自治体によっては空き家対策としてリフォーム融資が受けられるところもあります。

第5章
Uターンを決意できますか？

第5話　ふるさとを忘れない

あれま
焼きソバ一つ
ハイ300円です

ありがと
なんだ ハジメさん
ご主人？
ええ
ヨシエさんは病院に
ああ それで代わりに
ホウ 屋台で陶器のお皿とは
こちらの佐々木《ささき》さんが作ったお皿なのよ
失敗作を使ってもらってるんですの
ヘエ
あっ!?

それじゃ陶芸をやるために空き家バンクで家を探した方ですね
ええ町会長さんやダイゾウさんにはお世話になりました
確かダイゾウが紹介してくれるって言ってたな
窯を作られたとか興味があったら見に来てください
じゃダイゾウと伺っていいですか？
私も工房を見てみたいわ
皆さんでいらしてください主人も喜びますわ

翌日
お嬢さんは高原に？
ウン従姉妹《いとこ》同士でね
海ありこう言うと地元のPRみたいだけど高原ありこの辺 結構いいとこでしょ
ええ
かなり山奥なんですね
それが条件だったんですよ

やあ
いらっしゃい
佐々木有三《ゆうぞう》 65歳
ここは
標高
300m
ありますから
スミエ 62歳
下界より
涼しいでしょ

ここが工房です
わあ
ロクロが
ある

これが
器を焼く
窯ですね
こんな窯を
もつのが
われわれの夢
だったん
ですよ

でも最初は家主さんに理解してもらえなくて話が壊れかけたんですが
町会長さんとダイゾウさんが説得してくれましてね
いろんな文化をもち込んでくれる人は歓迎すべきだからな
でもなかにはこっそり大麻を作ってたなんてケースもあるらしい
ええっそんなことがあるのか
佐々木さんのような人たちとそういう人間を区別できることも家を貸す際には大事なことだ

家を貸すことは人を見極めることか……
？
あ……
実は僕も将来 家を貸すことになるかもしれなくて
どういう人がこのあたりの家を借りるのか参考にしたいんです
ハハハ私は平凡なサラリーマンでしたよ
佐々木さんがこの土地を選んだ理由はなんですか
やっぱり自然が豊かなことですね

山や海
それに温泉も
あるし
フム
フム
でも
いちばんの
理由は
人ですよ
フム……
エッ?
このあたりで道を
聞くといつも
親切に教えてくれ
ましたし
農作業中の人が
見知らぬ私たちに
挨拶してくれるん
ですよ
ここでなら
やっていけるん
じゃないかと
思いましてね
お茶を
どうぞ
なるほど
その土地の
人を好きに
なること
これは住む
ために大切な
ことだ

実は昨日まで息子夫婦が子どもを連れて来てましてね
ここは涼しいから夏休みは別荘のように利用してますよ
息子さんはどちらに？
大阪の自宅です
というと佐々木さんがお住まいだった家？
ええ息子に安く貸してるんです
われわれも冬場の寒い時期は大阪に行きます

あっ
!?
どうしたの？
ハッ
あっ……いや実にいいお話だなって
夏は涼しく冬暖かくこれぞ長寿の秘訣です
何言ってるのよ

佐々木さんご夫婦マイペースで楽しい人たちだろ
あんな人たちが故郷にいたとはな
お品書
何か参考になったかい
ウン いままで家に戻るか貸すかしか考えつかなかったけど

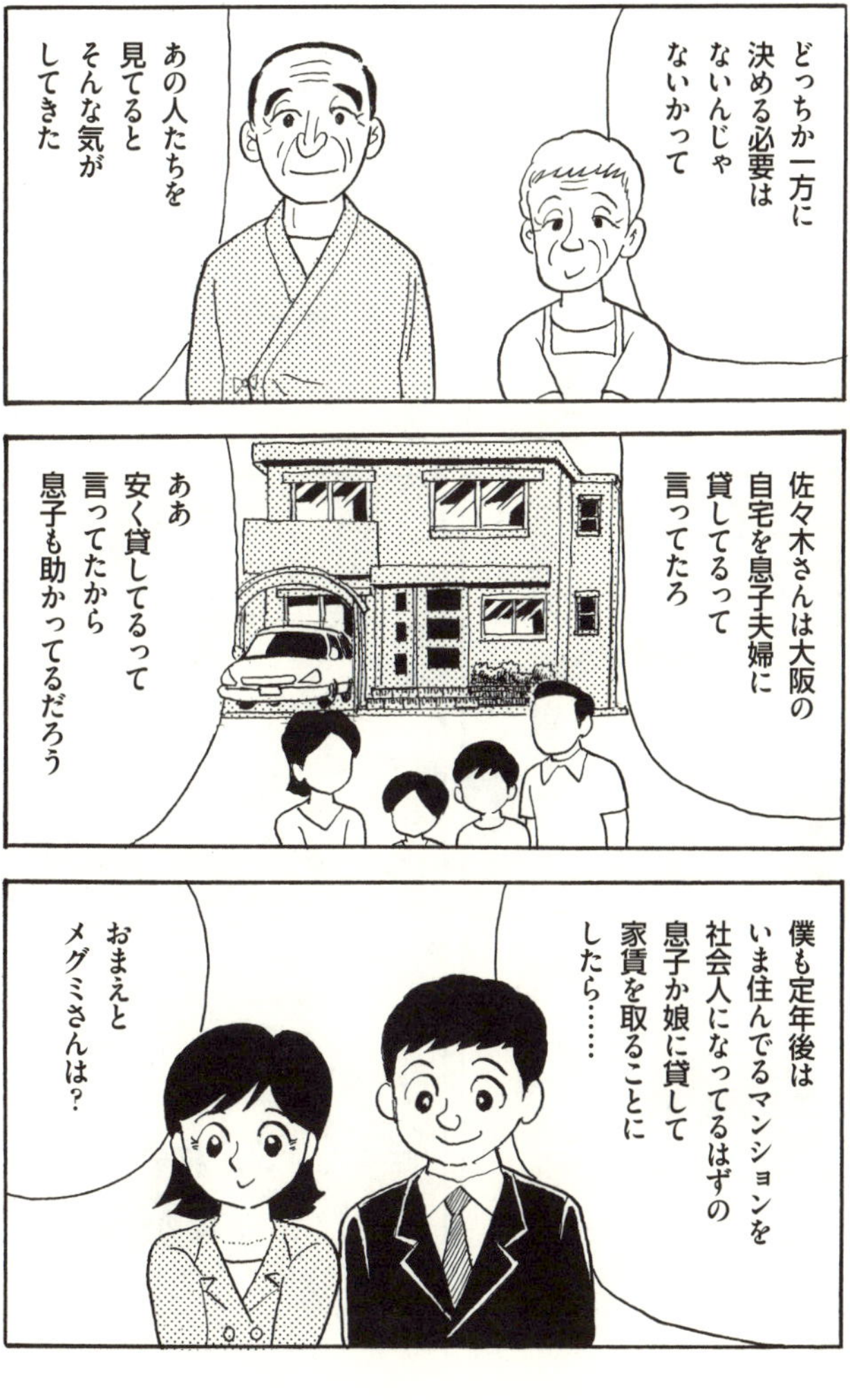
どっちか一方に
決める必要は
ないんじゃ
ないかって
あの人たちを
見てると
そんな気が
してきた
佐々木さんは大阪の
自宅を息子夫婦に
貸してるって
言ってたろ
ああ
安く貸してるって
言ってたから
息子も助かってるだろう
僕も定年後は
いま住んでるマンションを
社会人になってるはずの
息子か娘に貸して
家賃を取ることに
したら……
おまえと
メグミさんは？

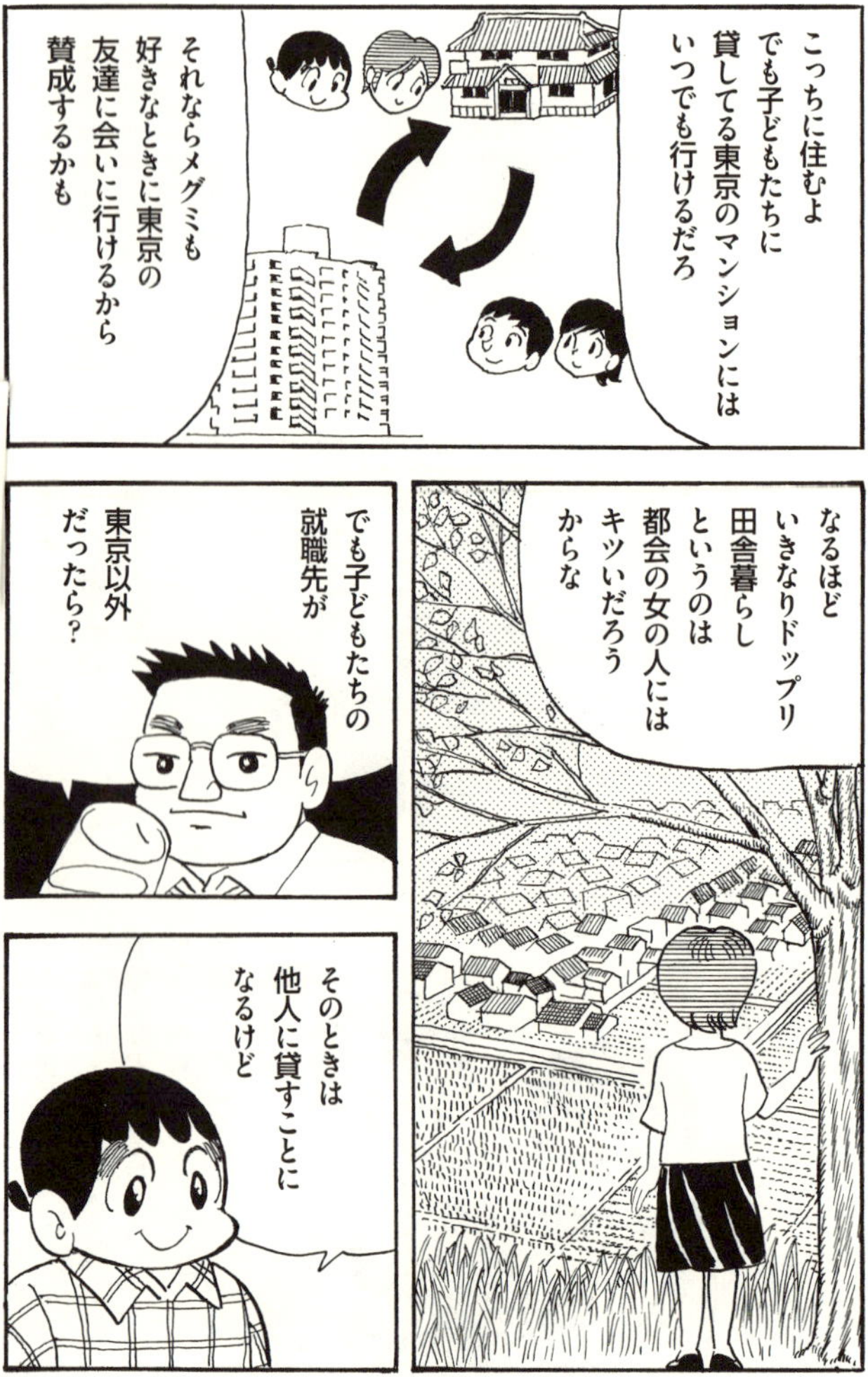
こっちに住むよ
でも子どもたちに
貸してる東京のマンションには
いつでも行けるだろ
それならメグミも
好きなときに東京の
友達に会いに行けるから
賛成するかも
なるほど
いきなりドップリ
田舎暮らし
というのは
都会の女の人には
キツいだろう
からな
でも子どもたちの
就職先が
東京以外
だったら？
そのときは
他人に貸すことに
なるけど

その可能性は低いな
息子は東京で就職したがってるし
シナリ
オレ東京にいるからね
そうか
いまは地方で就職するほうが難しい時代らしいもんな
じゃ そのプランメグミさんに話してみるか
いや……まだ相談する段階じゃないよ
母も退院のメドがついて家の相続は先の話になりそうだからな

それより不安なのは僕自身だ
ン？
定年後こっちに戻ることになったとして
僕自身がこの町になじめるだろうか？
何言ってるんだ
おまえの故郷じゃないか
でも高校を卒業して30年以上いなかったんだぞ

それに僕には故郷へ持ち帰る手土産がない
なんだ手土産って？
佐々木さんは陶芸を手土産に地元になじんでいったが
僕にはこれといった趣味もない故郷とはいえ歳をとってから帰っても
受け入れてもらえるか……
不安だよ
何言ってるんだおまえはそのままでいいんだ

なんにでも
いっしょけんめいになれる
天地のキャラクターが
地元への大きな
手土産じゃないか

お父さんはね
要領のいいタイプ
じゃなかったけど
なんでも
いっしょ
けんめい
でねえ

ついた仇名《あだな》が「いっしょけんめいハジメくん」
うわぁ長い仇名
からかわれてるんだか褒《ほ》められてるんだかわからないわね
ダイゾウくんがつけたのよ

翌日——

それじゃ お母さん 元気で
ああ 私のことは 心配しないで いいから
大丈夫よ 兄さん
ダイゾウ 故郷を頼んだぞ
ああ 任せとけ A市は 俺が 守ってみせる
じゃあ なー

A市に来たのは父の法事以来か
今回はゆっくりできたわ
ハジメさんのこともいろいろわかったし
ン？
ダイゾウさんみたいな友達が地元にいるっていいわね
ああ
ゆうべは二人でどんな話をしてたの？

ああ うちも 佐々木さん みたいに……
えっ？
ン…… いや そのうち 陶芸でも やるかなーって
お父さんが 陶芸？ 似合わ ないーっ
手つきが 変

まだ話すのは早い
定年まであと10年そのあいだに
別の選択肢が見つかるかもしれない

解説　Uターンを決意できますか？

◆「お盆に帰る」は何年続くか？

ここまで、田舎の家を貸す、片付けて空き家を売るか更地《さらち》にして売る、などの方法をご紹介してきました。それでもあなたはまだ、決心できていないかもしれません。

ご自身も都会に家を購入しているなら、家をもつことの苦労や喜びがわかるだけに、自分の代で故郷から一族の跡を消してしまうことに強いためらいがあるはずです。本書の取材で出会った「家をたたんだ」人たちも、一様に「これでよかったのだろうか」と自問し続けているようでした。家には金銭では計れない価値があります。それを痛切に感じておられるあなただからこそ、本書をここまで読んでくださったのでしょう。

しかし、あなたが田舎の不動産を放置すると、地元に迷惑をかけるだけでなく、あなたの子どもや孫たちに問題を先送りすることになります。彼らはその家で育ったわけではないのです（遊びには来たかもしれませんが）。実は、田舎暮らしを志向してIターンしたケースでも、購入者の没後、その子どもたちが物件の処分に困っている現象が起きています。

ある、過疎地を抱える市役所の担当者が嘆いていました。

「〝お盆には帰るから〟と言って家をもっておく人は、そうですね、親御さんが亡くなって三回忌くらいまでは顔を出すけれど、すぐに間遠になります。ご本人まで高齢になったら、もう誰も訪ねてきません」

もし家を処分したくないのなら、定期的に帰るだけでなく、将来も継続して家を見てもらえる仕組みを構築するしかありません。あるいはUターンするか、です。

◆Uターン成功のために

東京の商社に勤める山内裕明《やまうちひろあき》さん（仮名・42歳）は、夫婦でUターンする計画を立てています。移住先は現在お母様が一人で住んでいる家。早期退職して故郷の山村で暮らすのが、30代の頃から夢だったそうです。奥様も農家出身で高校まで田舎で暮らしていました。都会の便利さや華やかさの魅力は認めつつ、「夏にホタルが舞うなんて素敵」と賛成してくれています。下の息子さんが高校を卒業するのを待って田舎に戻ろうと、数年前に実家をリフォームしました。東京で買った自宅マンションには子どもたちが住む予定です。

「農地と山林もあり、いま農地は親戚に米を作ってもらっています。山林は山菜やキノコの宝庫で、シーズン中は登山者に盗まれるほど。山に入る道は少しずつ、レジャー感覚で整備していこうかとも思っていますが、ますます荒らされてしまうかもしれませんね」

と笑います。

「この年齢で林業はもう無理でしょう。農業をするつもりもありません。田舎では経験を活かして投資アドバイザーをやろうと思っています。地元にお客様がつけばそれに越したことはありませんが、ネットがあればビジネス環境はあまり変わらないでしょう。会社には内緒ですけど、独立後に仕事をもらえる約束がもうできていますから、さほど心配していません。地元には高校時代の同級生もたくさんいるので、むしろ東京で暮らすより楽しいかもしれません」

そう話す山内さんの計画は、ほぼ10年がかり。月1回は休日を利用して実家に戻り、地元集落との関係を維持してきたといいます。Uターンで戻るというよりは、逆に地元から東京へ通うという感覚だそうです。「母が元気なうちに計画が実行できそうでよかったです」と山内さん。

このエピソードには、Uターン成功の鍵が二つ含まれています。奥様の賛成と地元とのつながりです。

生活環境をがらりと変えて田舎に戻る場合、奥様の賛成は必須になります。実際にUターン・Iターンをされた方には、まずご主人だけが田舎に越してきて、という手順を踏む人もいますが、残念ながらそのまま別居状態になるケースも多いようです。

それでなくても冠婚葬祭や農作物のおすそ分けなど、田舎は女性の能力が日々必要とされるところです。奥様が不安に思っている状態での無理なUターンはお勧めできません。ある田舎不動産の業者も、「ご主人の故郷より奥さんの故郷にUターンした夫婦のほうが、おおむね仲よく生活されるようですね」と証言しています。古い友人や親戚がいますから、奥様も自分の田舎のほうが気楽なのです。あなたの故郷へ夫婦円満にUターンしたいのであれば、山内さんのように計画変更ができる段階で何度も二人で実家に足を運び、奥様ご自身に田舎のお友達を作ってもらうのがベストでしょう。

もう一つ、故郷へのUターンを支えてくれるのは「人」です。Uターンする可能性があるのなら、里帰りの際は積極的に地元の友人やご近所の人と交流しましょう。特に自治会の会長には近隣の情報が集

なるほど
いきなりドップリ
田舎暮らし
というのは
都会の女の人には
キツいだろう
からな

まります。田舎に親と家を残して上京した他の人たちはどうしているか、アドバイスをくれるはずです。

今回の取材で出会ったある山村の自治会の会長さんは、１００世帯を切って限界集落に近づきつつあった集落に移住者を7世帯呼び込み、移住後もなにかと相談に乗っています。「正規の町内会長がダメでも、どんな集落にも『世話役』的なキーパーソンはいる。その人を探して、相談することだ」と会長は言います。会長自身相談を受けて、跡継ぎが東京に行ってしまった一家の空き家と農地を預かっているそうです。町内会長を通じて、市町村役場のしかるべき担当者を紹介してもらうことも可能です。

よそ者を嫌う排他的な空気は、いまの田舎からは薄れてきています。人が減って活力がなくなり、新しい力への期待が高まっているのです。農村地帯では、いまだに道普請《みちぶしん》や用水路の掃除、冠婚葬祭は住民の共同作業で成り立っています。消防団員はおおむね40代までですが、若い人の足りない集落なら、いくつであっても体力のある人の転入は歓迎されることでしょう。

◆家を守る人がいるうちに

幸い、まだ田舎の家に親御さんが住んでいらっしゃるなら、いますぐにやっておきたいことがあります。

最も大事なことは、相続する人（主にごきょうだいだと思います）が集まって、それとなくであっても方針を確認すること。相続問題に強いとされる税理士や弁護士は口を揃えて、相続のときは本当にわずかなお金で人間関係がこじれると忠告します。なにも親御さんの前でその亡くなった後の話をしろというわけではありませんが、少子化でただでさえ少なくなったきょうだいたちが、自分の死後に揉めたら親御さんも浮かばれません。仲のよかった兄弟同士でも、相続では奥さん同士の意見が合わずに両家の対立になる場合が多いそうです。つまりきょうだいだけでなく、その配偶者も含めた事前のコミュニケーションが大事なのです。

また、親御さんの記憶が確かなうちに相続財産の全容を把握しておくことも大切です。田舎の家とは少し話が逸れますが、参考までに概算方法をご紹介しましょう。

財産の時価評価はすなわち相続税の対象額といえるため、国税庁の「財産評価基本通達」によって以下のように概算できます。

現金・預貯金――普通預金は残高そのまま。定期預金は相続開始時の残高と利息の和。

公社債・株式などの有価証券――公社債は相続開始時の最終価格。株式は相続税課税時期の最終価格か、その時期にあたる月から3ヵ月さかのぼった月ごとの平均値中、安い額を相続税の計算では採用します。

宅地、貸地、農地、山林など――市街地では路線価額、田舎では固定資産税の評価額をもとに計算します（138ページ参照）。

自宅などの家屋――固定資産税評価額

その他（書画骨董品・貴金属・自動車など）――相続発生時の相場とお考えください。特許権・著作権は、相続発生時から3年さかのぼり、その年までの年間平均収入（×権利の残留期間）などの方法で計算します。

巻末に「財産明細表」のフォーマット例を挙げました。相続をスムーズに進めるためには、やはり親の生前に済ませておきたいものです。しまい込まれている通帳や権利証、登記簿などはわかりやすい場所にまとめてもらえるよう、親に頼んだほうが安心です。

1・3章でも見てきたように、なんといっても田舎の家や不動産にはたくさんの「事情」や「しがらみ」がまとわりついているものです。いざ、田舎の家を守る人がいなくなってからすべて片付けるとしたら、莫大な努力が必要とされるでしょう。早めに着手するに越したことはありません。

一族が根付いてきた家や土地を知ることは、自分のルーツを探る作業でもあります。家のたたみ方を話し合い、きょうだいがまとまることを喜ばない親はいないはずです。思い出のこもった家の中をきれいに片付け、大事に使ってくれる人に継承する。受け継いだ人が、今度は地元を守ってくれる。自分の資産を社会、それも大切な郷土に活かしてもらうこと、それが「田舎の家の」きれいな「たたみ方」なのです。

おわりに　「来るべきとき」はきっと来る

「最近、相続の相談が増えているんですよ。それも、農地や山林をどうしたらいいかって」

ある生命保険のトップセールスパーソンの言葉です。保険を使った節税法をお客様に説明するのはお手の物ですが、農地や山林の相続については「こっちが聞きたいくらいです」と苦笑していました。団塊の世代が親からの相続を受ける年齢になり、こんどは子どもたちにどう資産を残すかで悩んでいると彼女は言います。都会の給与生活者は、給与の一部を保険として積み立て、現金で相続する方法が主流です。しかし、地方出身の方が都会にお住まいの場合、農地や山林を資産として相続するので、単純に保険を使った方法に頼ることはできません。

私の小さな人脈のなかにも、地方出身の方が大勢います。漫画家のコンタロウさんもその一人。私自身は東京生まれの東京育ちですが、祖父母は大正時代に新潟から東京に移り住みました。母は新潟出身、妻は岩手出身です。都会人といっても、地方に根を残している人は本当に多いのです。

2011年3月11日の東日本大震災におきましては、地震と津波によって多くの命と財産が奪われました。それに伴う原子力発電所の大事故は、周辺住民の故郷そのものを奪おうとしています。震災から1ヵ月後、私も仲間と岩手県北部沿岸の漁村を訪れ、小学校の校庭をお借りして野営しながら1週間ほど復興の手伝いをしてきました。村の3分の1を押し流した津波の爪跡は、テレビの映像では伝え切れない惨状を呈していました。瓦礫《がれき》の山には臭いがあります、風が吹けば砂埃が舞います、雨でも降ろうものならヘドロに足をとられます。無惨に踏みにじられた「日本の田舎」が、そこにありました。

東京に戻り、何人かの地方出身者に「将来は田舎に戻るの?」と聞いてみました。返事はいずれも「田舎に戻るつもりはなかったが、自身の田舎のことが気にはなるようになった」というもの。親がまだ元気で、実家の行く末など考えたこともなかった人でも、今回の震災を通じて考え方が変わったようです。

「この先、いつか田舎に戻るかもしれないから、とりあえず家はそのままあってほしい」。

そのような方も大勢いらっしゃることでしょう。しかし、親がいつまでも元気で家を守ってくれるとは限りません。まして、戻るつもりがないのなら、家、畑、山林は将来どうしますか？　どうでしょう、田舎のことを少し考えてみませんか。

東日本大震災は私たちにとって忘れられない出来事になりました。しかし、日に日に復興していく被災地を目の当《まあ》たりにして、私は逆に勇気をもらいました。本書が読者の悩みや疑問を解消し、ひいては地方のこれ以上の荒廃を食い止められる、その一助になれば筆者として幸いです。

三星雅人

漫画家によるあとがき

僕はこの何年か「夢日記」をつけています。

眠っているあいだに見た夢で「面白い」と思ったものを、日付けつきでノートに書いておくのです。時間が経つとほとんど忘れてしまうので、印象的だった夢は目が覚めたらすぐに書くようにしています。ノートはもう何冊にもなりました。入試が迫っている夢、進級できない夢、仕事の調子が悪くなる夢など苦しい状況もあれば、能天気に楽しい夢もあります。

それらを読み返して驚くのは、必ずといっていいほど僕の故郷である兵庫県北部の山や、川や、町並みが背景になっていることです。

いや、別に驚くことはないのかもしれません。幼い頃から高校まで過ごした故郷の景色は、文字どおり僕の原風景として頭に焼きついているはずで、夢の中に繰り返し現れるのも、当然といえば当然です。

これらの夢の大半は、懐かしい故郷の思い出がベースな楽しいものですが、ぞっとするような夢もあります。久しぶりに実家に帰って裏山を眺めながら、啄木《たくぼく》になったつもりで感慨にふけっているうちに、ふと山の頂上の大きな杉の形がいつもと違っているような気がするのです。さらによく見ると山の稜線が左右逆になっていることに気づき、ここは自分の故郷ではないと確信するに至ります。それじゃここはどこなんだ？　ひょっとして見かけはそっくりでもまったく別の世界に迷い込んで、もう故郷へは帰れないんじゃないか？と、背筋が寒くなる思いで立ち尽くしてしまう……そんな夢です。

この夢から思うに、どうやら僕は故郷に対してある種の恐怖感があるようです。上京するまで何不自由なく育ち、辛い思いをした覚えはないのに、です。辛いどころか僕はこの田舎に、山を歩いたり川で釣りをしたりといった楽しい子ども時代の思い出がいっぱいあります。

ただこの40年のあいだ、実家に帰ったのは十数回。そのあいだにバブルもあればその後の不況もあり、故郷の町も随分変わり、たまに帰っても自分の居場所がどこにもないという、先ほどの夢に通じる感覚はありました。

そんな無意識の不安が、山の風景という形で夢に現れてきたのだと思います。

今回の企画を担当の方から説明された時、まず浮かんだのは地元の高校の同級生の話でした。彼は旧家の長男で、大学卒業後は東京でサラリーマンになったため、田舎に帰るわけにもいかず、大きな屋敷がずっと空き家になっているということでした。では定年後に帰るのかと聞くと「なんとも言えない」とのこと。本編の南くんは奥さんの実家を継いでほしいという強烈な要望があって、自身の実家を処分する決断ができたわけですが、そういった後押しのない僕の友達はいま、途方に暮れているところなのでしょう。同様の話は地元出身の他の友達からも聞きました。彼らにも、長いあいだかかわりをもってこなかった故郷へUターンすることへの不安があるのだと僕は思います。

田舎の家がどんどん空き家になっていくのが、こんなふうに僕の周りでも実感できる一方で、田舎暮らしをしてみたいと思う都会の人は結構いるようです。

でもいま一歩、田舎暮らしに踏み切れないでいる人が多いのは、やはり田舎の古い習慣や独特のつき合いなどになじめるのか、という不安があるからでしょう。僕のように高校まで生活していた者でも不安になり、それが夢に出てくるくらいなのですから。

ただ時代はどんどん変わっていきます。10年前にはなかったネット環境が都会と地方の情報格差をなくしていくと同時に、田舎の古い習慣もよいものは残り、時代に合わないものは消えていっているような気がします。

本編でも描きましたが、事情が許せば都会と田舎にそれぞれ拠点をもつことは理想的です。一方に何か起こった場合、身を寄せる場所があるのは大変心強いですし、そういう人が増えれば過疎化が心配される田舎にとってもいいことだと思います。

今回、久しぶりにハジメくんを描いたのですが、年齢は僕より若いものの家庭環境が似通っていたり、田舎の家のことであれこれ思い戸惑っていることなど、自分の現在の状況を反映していて、いままで描いてきたハジメくんのなかでもいちばん感情移入できる作品になりました。最後まで読んでいただき、ありがとうございます。

2011年5月31日

コンタロウ

財産明細表

178ページでご紹介した財産明細表の1例です。このような表を作成し、あなたの家の財産を算出してみましょう。(この表で求められるのは概算金額です)

◆財産の部

No.	細目	利用区分	所在	面積(a)	路線価(b)	固定資産税評価額(c)	倍率(d)	金額
1	宅地	自用地(住居用)	県　郡	㎡	万円	万円	倍	万円
2		貸付地 ☆		㎡	万円	万円	倍	万円
3		貸家建付地 ☆		㎡	万円	万円	倍	万円
4	農地 ☆	自用地		㎡	万円	万円	倍	万円
5		貸付地		㎡	万円	万円	倍	万円
6	山林 ☆	普通山林		㎡	万円	万円	倍	万円
7	立木 ☆			㎡	万円	万円	倍	万円
8	その他			㎡	万円	万円	倍	万円
小計								万円

No.1～8の金額は、①a×b(路線価方式) ②c×d(倍率方式)の2種類の算出方法がある。

9	家屋	自宅建物		㎡	万円	万円	1.0倍	万円
10		貸家 ☆		㎡	万円	万円	1.0倍	万円
11		その他		㎡	万円	万円	倍	万円
小計								万円

No.	細目	区分	株(口)数	単価	摘要	金額
12	有価証券 ※1	株式(銘柄)	株	万円	取引相場価格	万円
13		株式(銘柄)	株	万円	取引相場価格	万円
14		株式(銘柄)	株	万円	取引相場価格	万円
15		公社債	株	万円	額面価格	万円
16		投資信託	株	万円	取引相場価格	万円
17	その他	その他	株	万円		万円
小計						万円

(※1)No.12～17の単価は、一口あたりの金額

18	普通預金	銀行	預貯金額	万円
19	普通預金	ゆうちょ銀行	預貯金額	万円
20	普通預金	信用組合	預貯金額	万円
21	定期預金	銀行	預貯金額	万円
22	定期預金	信用金庫	預貯金額	万円
23	その他			万円
小計				万円

24	その他の資産	生命保険 口	加入保険金額－非課税額 ※2	万円
25		退職金	予想受取金額－非課税額 ※2	万円
26		その他		万円
小計				
財産合計				万円

（※2）非課税額……500万円×法定相続人の数（生命保険の場合、①未成年者 ②障害者 ③生計一、のいずれかに該当する者）

◆負債の部

No.	細目	区分	所在	金額
1	借入金	住宅ローン	銀行	万円
2	未払金	医療費	病院	万円
3	未払租税公課	固定資産税	年間見込額	万円
4	その他			万円
負債合計				万円

〈財産〉　　万円　－〈負債〉　　万円＝〈課税遺産総額〉　　万円

☆印がある項目については個別に決まりが存在します。実際に算出する際は専門書などでお調べください。

登場機関一覧

※2011年6月現在の情報です

第1章

リーガル・アカウンティング・パートナーズ……40
http://www.la-partners.co.jp/index.html

第2章

新潟県長岡市空き家バンク……74
http://www.city.nagaoka.niigata.jp/akiya/

ネスパス……80
http://www.nico.or.jp/nespace/

かごしま遊楽館……80
http://www.pref.kagoshima.jp/yurakukan/

ふくい南青山291……80
http://fukui.291ma.jp/

認定NPO法人　ふるさと回帰支援センター……80
http://www.furusatokaiki.net/index.html

第3章

浪漫堂……104
http://www.romando.ne.jp/index.html

総務省「統計局・政策統括官・統計研修所」……109
http://www.stat.go.jp/index.htm

農林水産省「2010年世界農林業センサス結果の概要」……110
http://www.maff.go.jp/j/tokei/census/afc/about/pdf/kakutei_zentai.pdf

全国森林組合連合会……115
http://www.zenmori.org/

第4章

スルガ銀行「ドリームライフシリーズ」……136
http://www.surugabank.co.jp/surugabank/kojin/service/kariru/dreamlife/

国土交通省「土地総合情報システム」……138
http://www.land.mlit.go.jp/webland/

ふるさと情報館……143
http://www.furusato-net.co.jp/

マイプラン・エス・テイ・コーポレーション……143
http://www.myplanst.co.jp/

NPO民家再生協会……143
http://www.minka.or.jp/

奥三河カントリー……144
http://www.inaka-tsuhan.com/

白野産業……144
http://www.shironosangyo.com/

メディアファクトリー新書　027

田舎の家のたたみ方

2011年6月30日　初版第1刷　発行

著者　コンタロウ
三《みつ》星《ぼし》雅《まさ》人《と》

発行者　近藤隆史

発行所　株式会社メディアファクトリー
郵便番号　104―0061
東京都中央区銀座8―4―17
電話　0570―002―001(読者係)
03―5469―4740(編集部)

定価はカバーに表示してあります。

乱丁本・落丁本はお取替えいたします。

印刷・製本　図書印刷株式会社

ISBN978-4-8401-3905-2 C0230